U0695917

跳跃投掷类田径竞赛

《"四特"教育系列丛书》编委会　编著

吉林出版集团股份有限公司

全国百佳图书出版单位

图书在版编目（CIP）数据

跳跃投掷类田径竞赛／《"四特"教育系列丛书》编委
会编著 . 一长春：吉林出版集团股份有限公司，2012.4
（"四特"教育系列丛书／庄文中等主编 . 学校体育竞
赛与智力游戏活动策划）
ISBN 978-7-5463-8631-7

I . ①跳… Ⅱ . ①四… Ⅲ . ①跳跃项目－运动竞赛－
青年读物②跳跃项目－运动竞赛－少年读物③投掷项目－
运动竞赛－青年读物④投掷项目－运动竞赛－少年读物
Ⅳ . ① G820.73-49

中国版本图书馆 CIP 数据核字（2012）第 042016 号

跳跃投掷类田径竞赛
TIAOYUE TOUZHI LEI TIANJING JINGSAI

出 版 人	吴 强
责任编辑	朱子玉 杨 帆
开 本	690mm×960mm 1/16
字 数	250 千字
印 张	13
版 次	2012 年 4 月第 1 版
印 次	2023 年 2 月第 3 次印刷
出 版	吉林出版集团股份有限公司
发 行	吉林音像出版社有限责任公司
地 址	长春市南关区福祉大路 5788 号
电 话	0431-81629667
印 刷	三河市燕春印务有限公司

ISBN 978-7-5463-8631-7   定价：39.80 元

前　言

学校教育是个人一生中所受教育的最重要组成部分,个人在学校里接受计划性的指导,系统地学习文化知识、社会规范、道德准则和价值观念。学校教育从某种意义上讲,决定着个人社会化的水平和性质,是个体社会化的重要基地。知识经济时代要求社会尊师重教,学校教育越来越受重视,在社会中起到举足轻重的作用。

"四特教育系列丛书"以"特定对象、特别对待、特殊方法、特例分析"为宗旨,立足学校教育与管理,理论结合实践,集多位教育界专家、学者以及一线校长、老师们的教育成果与经验于一体,围绕困扰学校、领导、教师、学生的教育难题,集思广益,多方借鉴,力求全面彻底解决。

本辑为"四特教育系列丛书"之《学校体育竞赛与智力游戏活动策划》。

学校体育运动会是学校教育教学工作的一个重要组成部分,是体育活动中的一个重要内容。它不仅可以增强学生的体质,同时,也可以增强自身的意志和毅力,并在思想品质的教育上,发挥不可替代的作用。学校通过举办体育运动会,对推动学校体育的开展,检查学校的体育教学工作,提高体育教学、体育锻炼与课余体育训练质量和进行学校精神文明建设等都具有重要的意义。本书旨在普及体育运动的知识,充分调动广大青少年学生参与体育活动的积极性,内容包括学校体育运动会各个单项的竞赛与裁判知识等内容,具有很强的系统性、实用性、实践性和指导性。

将智力和游戏结合起来,通过游戏活动达到大脑锻炼的目的,是恢复疲劳、增强脑力、重塑脑功能结构的主要方式,是智力培养的重要措施。

青少年的大脑正处于发育阶段,具有很大的塑造性,通过智力游戏活动,能够培养和开发大脑的智能。特别是广大青少年都具有巨大的学习压力,智力游戏活动则能够使他们在轻松愉快的情况下,既完成繁重的学业任务,又能提高智商和情商水平,可以说是真正的素质教育。为了使广大青少年在玩中学习,在乐中提高,我们根据青少年的生理、心理特点,特别编写这套书。我们采用做游戏、讲故事等方法,让广大青少年思考问题,解决难题,并在玩乐的过程中,循序渐进地提高智商和开发智力,达到学习与娱乐双丰收的效果。

本辑共20分册,具体内容如下:

1.《团体球类运动竞赛》

学校体育运动的目的是调动学生活动的兴趣,提高学生参加体育运动和各种活动的积极性和参与率,让学生在运动中才能体会到参与的快乐。本书就学校团体球类运动的竞赛与裁判问题进行了系统而深入的阐述,使学生掌握组织团体球类竞赛的方法体例科学,内容全面,具有很强的系统性、实用性、实践性和指导性。

2.《小型球类运动竞赛》

小型球类运动竞赛包括排球、羽毛球和乒乓球等比赛。学校体育运动的目的是调动学生活动的兴趣,提高学生参加体育运动和各种活动的积极性和参与率,让学生在运动中才能体会到参与的快乐。小型球类运动竞赛包括排球、羽毛球和乒乓球等比赛。本书就学校个人球类运动的竞赛与裁判问题进行了系统而深入的阐述,体例科学,内容全面,具有很强的系统性、实用性、实践性和指导性。

3.《跑走跨类田径竞赛》

学校体育运动的目的是调动学生活动的兴趣,提高学生参加体育运动和各种活动的积极性和参与率,让学生在运动中才能体会到参与的快乐。跑走跨类田径竞赛包括长短跑、跨栏跑和竞走等项目比赛。本书就学校跑走跨类田径运动的竞赛与裁判问题进行了系统而深入的阐述,体例科学,内容全面,具有很强的系统性、实用性、实践性和指导性。

4.《跳跃投掷类田径竞赛》

长期来,在技术较为复杂的非周期性田径项目的教学中,一般都采用以分解为主的教学法。这种教学法,教学手段繁琐,教学过程复杂,容易产生技术的割裂和停顿现象,特别是与现代跳跃和投掷技术的快速和连贯性有着明显的矛盾。因此,它对当前进一步提高教学质量产生十分不利的影响。本书就学校跳跃投掷类田径运动的竞赛与裁判问题进行了系统而深入的阐述,体例科学,内容全面,具有很强的系统性、实用性、实践性和指导性。

5.《体操运动竞赛》

竞技性体操包括竞技体操、艺术体操、健美操、技巧、蹦床五项运动。其中,竞技体操男子项目有自由体操、鞍马、吊环、跳马、双杠、单杠六项,女子项目有跳马、高低杠、平衡木、自由体操四项。本书就学校竞技体操运动的竞赛与裁判问题进行了系统而深入的阐述,体例科学,内容全面,具有很强的系统性、实用性、实践性和指导性。

6.《趣味球类竞赛》

学校体育运动的目的是调动学生活动的兴趣,提高学生参加体育运动和各种活动的积极性和参与率,让学生在运动中才能体会到参与的快乐。本书就学校趣味球类竞赛项目运动的竞赛与裁判问题进行了系统而深入的阐述,体例科学,内容全面,具有很强的系统性、实用性、实践性和指导性。

7.《水上运动竞赛》

水上运动包含五个项目:游泳,帆船,赛艇,皮划艇,水球。本书就学校水上运动的竞赛与裁判问题进行了系统而深入的阐述,体例科学,内容全面,具有很强的系统性、实用性、实践性和指导性。

8.《室内外运动竞赛》

室内运动栏目包括瑜伽、拉丁、肚皮舞、普拉提、健美操、踏板操、舍宾、跆拳道等,户外运动栏目包括攀岩登山,动感单车,潜水游泳,球类运动等。本书就学校室内外运动的竞赛与裁判问题进行了系统而深入的阐述,体例科学,内容全面,具有很强的系统性、实用性、实践性和指导性。

9.《冰雪运动竞赛》

冰雪运动主要包括冬季运动和轮滑运动训练、竞赛、医疗、科研、教学、健身、运动器材、冰雪旅游等。本书就学校冰雪运动的竞赛与裁判问题进行了系统而深入的阐述，体例科学，内容全面，具有很强的系统性、实用性、实践性和指导性。

10.《趣味运动竞赛》

趣味运动，是民间游戏的全新演绎，是集思广益的智慧创造，它的样式不同，内容各异。趣味运动会将"趣味"融于"团队"中，注重个人的奉献与集体的协作。随着中国经济文化的迅速发展，人们精神文化生活的丰富，趣味体育也有了更广阔的发展，成为一种新的时尚。本书就学校趣味运动的竞赛与裁判问题进行了系统而深入的阐述，体例科学，内容全面，具有很强的系统性、实用性、实践性和指导性。

11.《锻炼学生观察力的智力游戏策划》

发展观察力的游戏有"目测"、"寻找"、"发现"等。这些游戏可帮助学生加强观察的目的性、计划性、扩大观察范围，使孩子能更多、更清楚地感知事物。本书对锻炼学生观察力的智力游戏项目策划进行了系统而深入的阐述，体例科学，内容全面，具有很强的系统性、实用性、实践性和指导性。

12.《锻炼学生注意力的智力游戏策划》

注意力是儿童普遍存在的问题。他们在听课、做作业、看书、活动等事情上，往往不能集中注意力，也没有耐性。在人们的生活、学习和工作过程中，注意力起着非常重要的作用。有位教育专家说：注意力是学习的窗口，没有它，知识的阳光就照射不进来。本书对锻炼学生注意力的智力游戏项目策划进行了系统而深入的阐述，体例科学，内容全面，具有很强的系统性、实用性、实践性和指导性。

13.《锻炼学生记忆力的智力游戏策划》

记忆力游戏是一种主要依赖于个人记忆力来完成的单人或团体游戏。这类游戏的形式无论是现实或网络中都是非常多的，能否胜出本质上取决于个人的记忆力强弱，这也是一种心理学游戏。本书对锻炼学生记忆力的智力游戏项目策划进行了系统而深入的阐述，体例科学，内容全面，具有很强的系统性、实用性、实践性和指导性。

14.《锻炼学生思维力的智力游戏策划》

这是一本不可思议的挑战人类思维的奇书，全世界聪明人都在做。在这本书里，你会找到极其复杂的，也是非常简单的推理问题，让人迷惑不解的图形难题，需要横向思维的难题和由词语、数字组成的纵横字谜，以及大量的包含图片、词语或数字，或者三者兼有的难题，令你绞尽脑汁，晕头转向！现在，你需要的是一支铅笔和一个安静的角落，请尽情享受解题的乐趣吧！

15.《锻炼学生想象力的智力游戏策划》

学校的智力游戏活动主要是锻炼学生认识、理解客观事物并运用知识、经验等解决问题的能力，它是直接为学生提高学习能力而服务的，也是学生学习知识的实践运用，它不仅具有趣味性，更具有娱乐性。本书对锻炼学生想象力的智力游戏项目策划进行了系统而深入的阐述,体例科学,内容全面,具有很强的系统性、实用性、实践性和指导性。

16.《锻炼学生表达力的智力游戏策划》

语言表达能力是现代人才必备的基本素质之一。在现代社会,由于经济的迅猛发展,人们之间的交往日益频繁,语言表达能力的重要性也日益增强,好口才越来越被认为是现代人所应具有的必备能力。本书从大量的益智游戏中精选了一些能提高青少年记忆力的思维游戏,为广大读者提供一个检视自身思维结构,全面解码知识、融通知识、锻炼思维的自我训练平台。

17.《锻炼学生学习力的智力游戏策划》

学校的智力游戏活动主要是锻炼学生认识、理解客观事物并运用知识、经验等解决问题的能力,它是直接为学生提高学习能力而服务的,也是学生学习知识的实践运用,它不仅具有趣味性,更具有娱乐性。本书对锻炼学生学习力的智力游戏项目策划进行了系统而深入的阐述,在游戏中培养孩子的学习能力。体例科学,内容全面,具有很强的系统性、实用性、实践性和指导性。

18.《锻炼学生空间力的智力游戏策划》

学校的智力游戏活动主要是锻炼学生认识、理解客观事物并运用知识、经验等解决问题的能力,它是直接为学生提高学习能力而服务的,也是学生学习知识的实践运用,它不仅具有趣味性,更具有娱乐性。本书对锻炼学生空间力的智力游戏项目策划进行了系统而深入的阐述,体例科学,内容全面,具有很强的系统性、实用性、实践性和指导性。

19.《锻炼学生实践力的智力游戏策划》

社会实践即通常意义上的假期实习,对于在校大学生具有加深对本专业的了解、确认适合的职业、为向职场过渡做准备、增强就业竞争优势等多方面意义。也有些学生希望趁暑假打份零工,积攒一份私房钱。本书对社会锻炼学生实践力的智力游戏项目策划进行了系统而深入的阐述,体例科学,内容全面,具有很强的系统性、实用性、实践性和指导性。

20.《锻炼学生创造力的智力游戏策划》

本书对创造能力的培养进行研究,包括创造力的认识误区、创造力生成的基本理论、创造力的提升、管理者应具备的技能等,同时针对学生设计的游戏形式来进行创造力的训练。其实,想要激发孩子的创造力,你不必在家里放上昂贵的玩具和娱乐设施。一些简单的活动,比如和宝宝玩拍手游戏,或者和孩子一起编故事,所有这些都能让孩子进入有创意的世界。本书对锻炼学生创造力的智力游戏项目策划进行了系统而深入的阐述,体例科学,内容全面,具有很强的系统性、实用性、实践性和指导性。

由于时间、经验的关系,本书在编写等方面,必定存在不足和错误之处,衷心希望各界读者、一线教师及教育界人士批评指正。

编者

目 录

第一章　跳高运动的竞赛 ……………………………………（1）

1. 跳高运动概述 …………………………………………（2）

2. 跳高运动技术 …………………………………………（5）

3. 腹滚式跳高技术 ………………………………………（13）

4. 背越式跳高技术 ………………………………………（22）

5. 常见错误动作 …………………………………………（26）

6. 比赛前的训练 …………………………………………（34）

7. 跳高竞赛规则 …………………………………………（42）

第二章　跳远运动的竞赛 ……………………………………（47）

1. 跳远运动概述 …………………………………………（48）

2. 挺身式跳远技术 ………………………………………（52）

3. 蹲踞式跳远技术 ………………………………………（59）

4. 走步式跳远技术 ………………………………………（62）

5. 立定跳远技术 …………………………………………（65）

6. 三级跳远技术 …………………………………………（67）

7. 跳远比赛规则 …………………………………………（79）

8. 跳高、跳远裁判规则 …………………………………（81）

第三章　铅球运动的竞赛 ………………………………… (83)

　　1. 铅球运动概述 …………………………… (84)

　　2. 铅球运动技术 …………………………… (90)

　　3. 铅球比赛规则 …………………………… (96)

第四章　链球运动的竞赛 ………………………………… (101)

　　1. 链球运动概述 …………………………… (102)

　　2. 投掷链球的技术 ………………………… (109)

　　3. 链球比赛规则 …………………………… (120)

第五章　铁饼运动的竞赛 ………………………………… (125)

　　1. 铁饼运动概述 …………………………… (126)

　　2. 铁饼运动规则 …………………………… (128)

　　3. 铁饼运动技术 …………………………… (131)

　　4. 铁饼技术训练 …………………………… (133)

第六章　标枪运动的竞赛 ………………………………… (145)

　　1. 标枪运动概述 …………………………… (146)

　　2. 标枪运动的竞赛规则 …………………… (154)

　　3. 标枪运动训练 …………………………… (156)

　　4. 标枪运动的技术 ………………………… (185)

第一章

跳高运动的竞赛

1. 跳高运动概述

　　田径运动跳跃项目之一。又称急行跳高。由有节奏的助跑、单脚起跳、腾空过竿与落地等动作组成，以其最后成功地越过横竿上缘的高度计算成绩并以此判定名次。跳高运动自 19 世纪 60 年代在欧美开始普及，1896 年第一届奥运会列为比赛项目。过竿技术有跨越式、剪式、滚式、俯卧式、背越式等。由于技术类型不同，运动员在完成助跑、起跳、过竿、落地的各动作方法上各有差异。助跑使人体产生向前的速度，增加起跳时的支撑反作用力和加快起跳动作。背越式跳高采用的是弧线助跑，距离长，速度快，动作自然。其他姿势一般都采用直线助跑，距离短，速度较慢，身体重心低。起跳是人体在助跑后，迅速转变运动方向向上腾起，为过竿做好准备。背越式、跨越式、剪式跳高起跳时，起跳腿是在远离横竿一侧起跳。俯卧式和滚式跳高时，起跳腿是在近于横竿一侧起跳。背越式为曲腿摆动，其他姿势一般为直腿摆动。背越式过竿时，身体由侧对横竿转向背对横竿，然后以手臂、头、肩顺序过竿；髋部在竿上充分伸展成背卧和反弓姿势。身体过竿后，收腹举腿，用背部落在海绵包上。俯卧式过竿时，摆动腿先摆过竿，身体在竿上沿纵轴翻转成俯卧姿势，随即转头潜肩，起跳腿后伸外翻，最后落地。过竿动作分为"平翻式"和"潜入式"两种。背越式、俯卧式姿势因过竿时人体重心离竿较低，能充分利用腾空高度，是较优越的过竿方式。而背越式又较俯卧式易于掌握。

　　跳高项目的起源

　　跳高起源于古代人类在生活和劳动中越过垂直障碍的活动。现代跳高始于欧洲。*18* 世纪末苏格兰已有跳高比赛，*19* 世纪 *60* 年代开始流行于欧美国家。*1827* 年 *9* 月 *26* 日在英国圣罗兰。博德尔俱乐部举行的首届职业田径比赛中，威尔逊（Ada 米 Wilson）屈膝团身跳越 *1.575* 米，这是第一个有记载的世界跳高成绩。跳高有跨越式、剪式、俯卧式、背越式等过竿技术，现绝大多数运动员都采用背越式。跳高横竿可用玻璃纤维、金属或其他适宜材料制成，长 *3.98 ~ 4.02* 米，最大重量 *2* 公斤。比赛时，运动员必须用单脚起跳，可以在规定的任一起跳高度上试跳，但第一高度只有 *3* 次试跳机会。男、女跳高分别于 *1896* 年、*1928* 年被列为奥运会比赛项目。

跳高的五次技术革命

第一种正式载入田径史册的跳高姿势是跨越式，它出现在 *1864* 年牛津大学和剑桥大学的田径对抗赛上。当年，英国运动员罗伯特·柯奇以"跨越式"创造了 *1.70* 米的第 *1* 个跳高世界纪录。

1895 年，美国人斯维尼改进了跨越式，其特点是运动员在过竿时，身体急速侧向转体，两腿交叉如剪刀，这就是"剪式"，这种技术在当时创造了 *1.97* 米的新纪录。

1912 年，美国运动员霍林在美国斯坦福大学田径赛上采用左侧斜向助跑，过竿时以身体左侧滚过横竿的技术赢得冠军，霍林把这种技术命名为"滚式"，也正是这种技术使人类首次越过了 *2* 米的高度。

1923 年，苏联运动员伏洛佐夫又创造出"俯卧式"跳高技术，这种新型技术动作很快就被田径选手们所接受。

在 *1968* 年第 *19* 届奥运会上，*39* 名跳高运动员中有 *38* 人采用这种技术，使"俯卧式"技术的应用达到了巅峰。然而也是在这届奥运会上，一种新的过竿动作开始崭露头角。

在 *19* 届奥运会上，美国 *21* 岁的福斯贝里过竿动作与众不同，他越过横竿时，不是面朝下，而是面朝上、背朝下地"飞"过横竿，这个动作被命名为"背越式"过竿技术。在这一届奥运会上，福斯贝里以2.24米的成绩创造了新的奥运会纪录，"背越式"跳高也随之风靡全球。此后十余年间，俯卧式跳高和背越式跳高究竟哪个技术更先进，田径界一直没有定论。直至第22届莫斯科奥运会上，联邦德国运动员韦希格以背越式跳高技术一举征服2.36米的高度，战胜了所有采用俯卧式跳高的运动员后，背越式跳高才逐渐开始占据跳高技术的统治地位，俯卧式跳高技术也从此逐渐被冷落。

中国跳高概况

中国跳高运动虽然开展于20世纪前叶，但是发展缓慢，新中国成立后，跳高运动才得到迅速发展。到1956年，男女跳高纪录分别达到1.95米和1.61米；1957年，我国优秀女运动员郑凤荣采用剪式跳高姿势以1.77米的成绩打破了1.76米的女子跳高世界纪录，成为我国田径史上第一个创造世界纪录的运动员；1956年优秀运动员倪志钦的成绩列世界第二位，1970年他以2.29米的成绩打破了男子跳高世界纪录，使我国跳高运动水平又一次得到提高；同时女子跳高也取得了可喜的进展，1965年，我国有5名运动员进入了世界前10名。20世纪70年代后期，由于背越式技术的引进，中国出现了一批优秀跳高运动员，其中最杰出的代表是朱建华，他在18岁时飞身越过2.30米的高度，打破了保持11年之久的亚洲纪录，我国跳高运动的整体水平也有了进一步的提高。

中国的跳高运动，在中华人民共和国成立前水平很低。1949年，男子跳高全国纪录为1.875米，女子为1.40米。1949年后，跳高运动蓬勃开展，成为田径运动比较普及的项目之一，男女跳高运动员的技术水平提高很快，50年代男子出现了一批跳过2米的运动员。著名女

运动员郑凤荣 *1957* 年跳过 *1.77* 米，超过当时美国 M. 麦克丹尼尔和罗马尼亚的 I. 巴拉斯共同保持的 *1.76* 米世界纪录，在跳高历史上第 *1* 次由中国女运动员打破世界纪录，*60* 年代，中国男子跳高的技术水平提高也很快，倪志钦 *1966* 年在亚洲新兴力量运动会上以 *2.27* 米的成绩获得第 *1* 名。*1970* 年他又以 *2.29* 米的成绩打破苏联 B. H. 布鲁梅尔保持的 *2.28* 米的世界纪录。

2. 跳高运动技术

跳高作为比赛项目始于爱尔兰和苏格兰。*1800* 年，跳高已列为苏格兰运动会的比赛项目。*19* 世纪 *60* 年代以后跳高在欧洲和美洲开始普及，运动员的成绩不断提高。为了进一步提高成绩，运动员不仅发展速度和力量素质，同时还改进过竿技术动作。从 *19* 世纪 *60* 年代开始，前 *30* 年提高成绩主要靠改进起跳技术，后 *30* 年当采用跨越式姿势跳高的成绩达到 *1.93* 米以后，跳高的发展主要靠改进过竿技术。

"波浪式"和"滚式"

19 世纪末，美国高等学校的跳高运动员开始采用一些新的、比较省力的姿势。美国东部各州的运动员用"波浪式"，在较长时间内它也被称为"东方式"。这种姿势的特点是运动员助跑时与横竿成很大角度，迅速起跳后向助跑开始的方向转体，躯干最大限度地向下倒，摆动腿在竿后压腿，由于躯干和摆动腿下压，臀部在这一瞬间升得高于横竿，而在竿上的身体部分好象处在最高的波峰上，因此人们把这种跳法叫做"波浪式"（有的国家称作"剪式"）。美国西部各州的大

学生中流行的是另一种跳高技术。它的助跑是从起跳腿一侧与横竿成35°～55°角，过竿时上体倒向起跳腿，在竿上呈水平姿势，好象滚过横竿，因而这种方法叫做"滚式"或"霍莱恩"式（G. 霍莱恩是美国第1个采用这种姿势并创造世界纪录的人）。

"俯卧式"和"背越式"

经过不断改进，1936年美国又发展了一种新的跳高姿势——"俯卧式"。从1941年以后的11年内，世界男子跳高纪录一直为跳俯卧式的美国跳高选手所保持。他们把成绩提高到2.11米。1953年，美国跳"滚式"的运动员W. 戴维斯破了男子跳高世界纪录，成绩为2.12米。他虽然采用的是最完善的"滚式"，然而他身高2.04米，身体条件较优越。英国女子跳高运动员T. 霍普金斯也采用"滚式"。而苏联女子跳高运动员多采用"剪式"或"俯卧式"。

20世纪60年代，世界上男女跳高运动员普遍采用"俯卧式"。当时美国的J. 托马斯和苏联的B. H. 布鲁梅尔之间争夺很厉害。托马斯首先征服和超过2.20米。布鲁梅尔18岁时就创造了世界纪录，以后连续几年提高成绩，到1963年将男子跳高世界纪录提高到2.28米。1968年，在第19届奥运会上，美国男子跳高运动员R. 福斯伯里又采用了一种新的跳高姿势，人们称之为背越式（不少国家称作福斯伯里式）。福斯伯里以2.24米的成绩获得了金牌。此后，这种姿势在世界各国很快流行。1972年慕尼黑奥运会上，德意志联邦共和国16岁女跳高运动员U. 迈法特用背越式跳过了1.92米，成为历届奥运会最年轻的女跳高冠军。从此，各国运动员采用背越式跳高的人越来越多。

多数专家和教练员认为背越式与俯卧式这两种方法都比较先进，主要是根据运动员的个人特点来决定他采用什么姿势合适。越来越多的运动员不愿学俯卧式，原因之一是背越式技术比俯卧式简单，比较容易掌握，而且各种类型的运动员都可以跳。即使运动员的腿不是很长，或者摆动腿的柔韧性较差，但只要腿部力量大，有一定的爆发力，便能用"背越式"跳过很高的高度。美国运动员 F. 雅各布斯身高 *1.73* 米，用背越式跳过 *2.32* 米，超过身高 59 厘米。苏联运动员 B. 亚申科创造 *2.34* 米的室外跳高世界纪录和 *2.35* 米的室内跳高纪录；*1976* 年奥运会冠军德意志民主共和国女跳高运动员 R. 阿克曼在 *1977* 年成为第 *1* 个跳高达到 2 米的女运动员，并获得冠军称号，他们都是跳"俯卧式"的。虽然现在采用"俯卧式"的运动员越来越少，但是这种姿势所达到的成绩是很高的。

　　"俯卧式"跳高技术可分为 *3* 个部分：助跑、起跳、过竿与落地。运动员助跑的角度一般为 30°～50°。大部分运动员助跑距离比背越式短，常用 6～9 步直线助跑。为了更好地准备起跳，运动员在助跑最后 4 步降低身体重心，同时用脚跟落地，步长较大，步频比背越式慢。助跑的倒数第 2 步和"迈步"是"俯卧式"跳高助跑中的关键，运动员在倒数第 2 步身体重心降到最低的位置，迈步时特别强调向前送骨盆，髋关节向前的速度明显地超过胸部向前的速度。迈步时骨盆超过胸部是俯卧式技术的一个特点。"俯卧式"跳高在迈步时靠近横竿的是起跳腿。起跳时要注意直腿摆动（也有少数运动员弯腿摆动），两臂向上摆起，全身向上挺，起跳方向应朝向横竿中央。起跳后运动员做越过横竿动作，身体与横竿平行，同时上体向起跳腿方向转体。过竿时，全身沿身体纵轴旋转，同时起跳腿向胸部收腿，但大腿不能太靠近胸部，小腿收成 90° 时立即翻腿，大腿应向外侧翻转，因此髋关节需要很好的柔韧性。在一般情况卜，运动员容易在这时碰掉横竿。全身越过横竿后，准备落地，落地时可单手撑地，也可双手撑地，或手和摆动腿同时落地，继而全身侧身着地。近年来俯卧式跳高运动员也有采用弧线助跑的，利用弧线助跑的圆周运动惯性作用更快过竿。

但是有人认为直线助跑更好，因为：①步点可以跑得很准；②更易发挥速度。"俯卧式"跳高对力量、专项力量、大肌肉力量比"背越式"要求更高。由于运动员过竿是全身同时过竿，因此起跳时摆动腿的摆动动作比"背越式"大得多，过竿时间比"背越式"短，所以"俯卧式"跳法对于速度素质稍差，而力量、柔韧性、爆发力好的运动员较为合适。

背越式技术

也可分为3个部分：助跑、起跳、过竿和落地。背越式助跑距离长9~12步，有的甚至更长，先跑直线，最后4~5步跑弧线，要求运动员速度快，跑得自然，类似短跑运动员的跑法。助跑最后4步不降低身体重心，在倒数第2步时才采用脚跟着地。迈步时也要向前送髋，但幅度要比俯卧式小，类似跳远运动员起跳的动作。起跳与俯卧式不同，跳背越式的运动员要充分地发挥助跑的水平速度，起跳时要发挥起跳爆发力，摆动腿弯腿摆动。一般说来，起跳点的距离要离横竿远些，从起跳点到落地点之间的距离也要远些。背越式起跳最大的特点是必须做旋转动作。起跳腿是离横竿远的腿，起跳时摆动腿向上向外摆，以使运动员向开始助跑方向做旋转动作。起跳后，转为背向横竿。背越式的过竿动作与俯卧式不同，运动员身体横在竿上，身体各部分依次过竿。过竿时挺腹，全身在竿上处于弧形状态，头部、肩部、胸部在竿后急剧下压，当身体重心达到最高点时，大腿向下并挺胸挺腹，以便顺利越过横竿。运动员臀部过竿后，开始落地。为避免小腿打落横竿，运动员收腹、低头、使大腿很快离开横竿，小腿向上伸直。落地的顺序：肩部－两臂－背部－腰部。值得提出的是背越式助跑的跑法，目前有的运动员直到最后一步时身体重心仍较高，这适合于体重轻、速度、弹跳力好，送髋、迈步速度快，体型较瘦的运动员。如意大利女子跳高运动员 S. 西梅奥妮，美国男子跳高运动员 D. 斯通斯等。另一种助跑方式与俯卧式助跑近似，在助跑的最后 4～5 步明显地降低身体重心，跑动时步幅大，频率不如上述方式快，这适合于一般力量大、速度不特别快的运动员，如波兰男子跳高运动员 J. 弗晓瓦和中国女运动员郑达真。

背越式跳高的要素

背越式跳高的训练有身体训练、技术训练、心理训练及恢复训练四方面。

身体训练

是训练的重要内容之一。身体训练水平的发展是掌握和提高运动技术的基础，是大负荷训练的物质保证，是不断提高运动成绩的先决条件。身体训练有以下内容：速度训练有一般速度和专项速度。一般速度 30～60 米反复跑、100～150 米反复跑、30～60 米追逐跑；专项速度有弧线跑 30 米计时，全程助跑计时，后四步助跑计时，下坡跑接弧线跑 20 米，下坡跑弧线跑 20 米，快速摆臂摆腿的模仿练习，快速起跳练习。

弹跳力训练有自然弹跳力和专项弹跳力两种。前者的方法有各种行进间跳跃！跨步跳、单足跳 20～30 米，计时、四步助跑五级跳；后者有带助跑 4～5 步的跳跃，计时 30～60 米，跳跃及各种跳深、跳栏架、跳台阶、综合跳等。

力量训练有一般力量素质训练和专项力量素质训练两种。前者的训练方法有助木举腿、高抬腿走、实心球练习等；后者的训练方法有负重弓箭走、负重蹬台阶 4 公分，负重半蹲起及利用其他器械练后群肌、小肌群力量。

协调性训练有各种体操技巧练习，各种绕栏、跨栏跑，各种球类运动等均能提高运动员的灵敏和协调能力。技术训练跳高技术是影响运动成绩的最重要因素。只有掌握合理的技术，才能充分发挥运动员身体素质的潜力，取得好成绩。

技术训练

在教学和训练中反复进行，技术训练中应包括学习掌握跳高的基本技术和一些主要环节的动作，但应侧重于进一步改进技术细节，不断完善整个技术的节奏，提高技术水平。在训练中应采用简化的练习和专门辅助手段，各个技术环节分别练习，逐一改进，并进行大量的完整技术练习，进一步增强肌肉感觉和体会技术动作。只有不断地在突破某些技术环节的基础上，再进行完整的技术训练，才能提高运动成绩。

在技术训练时，更强调根据运动员个人特点在技术细节上有所创新，如：对弹跳力好的运动员要求多练跳跃，发挥自己的长处；对有一定基础的运动员强调大强度、时间短而有效的训练方法。

心理训练

在激烈的比赛中，运动员的心理状态直接影响比赛成绩。只有良好的心理素质才能保持最佳竞技状态。心理训练有感知觉训练、表象训练、集中注意力训练、意志训练、自信心培养五种。

恢复训练

在训练中不仅身体训练、技术训练要有机结合起来，还必须因人而异地运用不同的方法，循序渐进地提高心理训练水平，逐渐培养和形成良好的个性心理品质。恢复训练随着运动员水平的不断提高，优秀运动员的负荷也越来越大，故恢复过程也显得十分重要。主要的恢复训练方法有：教育学手段与方法，医学生物学恢复手段，心理恢复的手段和方法，同时应对恢复训练的水平进行必要的测定。

助跑的技术要素

技术特点

背越式跳高助跑的主要特点是弧线助跑，助跑线一般为"J"其优点是：

助跑的预备段是一条直线或曲率很小的线曲，因此便于加速和发挥速度。

向弧线过渡时比较平缓自然，可以避免停顿或减速。

弧线曲率由大变小，使身体逐步加大内频。

最后一步与横竿约成 20 度至 30 度角，以保证人体在腾空后，有一个适宜的相对于横竿的垂直位移距离。

助跑技术

助跑的任务是获得必要的水平速度，并为提高起跳效果和顺利地越过横竿创造条件。背越式跳高一般采用 8 至 12 步助跑，分直线助跑段与弧线助跑段。

直线助跑技术：近似于短路途中跑技术，跑进时身体重心高而平稳上体适当前倾，后蹬充分有力，前摆积极抬腿，两臂协调配合大幅度摆动。

弧线助跑技术：身体逐步内倾，加大外侧腿臂的摆动幅度，保持头、躯干成一直线向内倾。助跑的整个过程应有明显的加速性和较强的节奏感，尤其是最后几步逐渐加快，到最后一步最快。

助跑弧线的曲率不当

在学习弧线助跑中，经常会出现助跑弧线不正确的问题，主要会出现以下几种错误：错误 1：在助跑中，身体内倾不是逐渐加大，而是一开始进入弧线时，身体内倾最大，跑至最后两步时身体反而直立起来，表现在助跑路线上有跑直线的不合理现象；错误 2：在助跑中，身体内倾没有变化，表现在助跑路线上有跑圆弧的不合理现象；错误3：在助跑中，身体内倾不变大，表现在助跑上有绕弯的不合理现象。产生上述错误的原因是学生未能掌握助跑技术。

掌握好弧线助跑的技术，形成正确的弧线并依靠本体感觉来控制身体内倾的变化。

检查错误的方法：检查学生的助跑步点及路线是否正确，可以按照弧线助跑的技术要求，对每一步进行检查，通常每一步跑进方向的转折（一般称转折角）应逐渐加大。

运用各种半径弧线跑练习

直道和上、下弯道的加速跑。半径为6～8米的圆圈跑、螺旋跑和"8"字跑；直线接弧线或直线切入圆圈跑。

借助器械练习

教师利用长的绳子连接教师和学生（学生用内侧手抓绳子的一端）。弧线助跑时，教师用力牵拉绳子以加大向心力，迫使学生躯干保持适当内倾，加强肌肉的本体感觉。

利用标志物进行弧线助跑练习

教师利用标志线或在地面上画出前进路线，要求学生沿标志或路线反复练习，加强正确弧线助跑感觉。途中的大小块可以用小木块或海绵块，可以放在弧线的一边或两边都放，只放单侧可以避免直线助跑，放两侧可以避免圆弧助跑和绕大弯助跑。

助跑最后一步的方向不正确

在背越式跳高助跑教学中，最后一步出现的问题通常比较严重，主要会产生外八字的跑法，最后起跳时的正确位置应仍然沿弧线方向跑进；而错误技术往往造成错误的起跳位置，致使最后一步的路线偏离了弧线的自然延伸，从而使下肢产生两个不同方向的分离，导致力的分解，致最后一步支撑中助跑速度方向偏离支撑点，以致无法产生正确的起跳，上体会过早倒向横竿。

产生原因

起跑前有躲竿意识或急于做背向横竿动作，起跳腿下意识地偏离起跳点。

主要训练手段

反复进行上 *1 – 3* 起跳练习，强调最后一步上步时起跳腿的摆动方向。

在起跳点放置标志物，以控制最后一步的跑进方向；

在起跳点放置适当大小的综垫或弹性跳板，反复进行起跳练习，练习中强调跳上起跳点起跳；

标出起跳点，反复练习。

起跳时脚位不正

背越式跳高最后一步放脚尖的方向与起跳同等重要，脚位不正确，同样会对起跳造成极大的影响。通常初学者在起跳时脚尖会自然地产生外展，形成外八字的放脚动作，这种放脚技术，会造成起跳时横向水平速度过大，产生冲竿现象；二易造成踝关节的损伤。

教学手段：上一步放脚模仿技术练习，练习中要求放脚方向要正；行进间沿直线做上 *1 – 3* 步起跳练习，注意强调沿直线放脚起跳；在起跳点沿跑进方向放一小垫子，要求在垫上起跳；短程助跑弹性跳板起跳练习，在起跳点上放置有弹性的跳板，方向与助跑方向一致，要求踏板起跳。

3. 腹滚式跳高技术

腹滚式跳高主要包括助跑、起跳、空中姿势和落地动作四个步骤：

助　跑

助跑是速度的发挥与控制。助跑速度太快，则不能有充分的起跳准备，更缺乏非常巨大的腿力来将水平动量大部分改为垂直动量；速度太慢，则不能产生应有的水平动量，因此速度分配为跳高助跑特有的本质。

腹滚式助跑用在向前较小，改变成向上速度较多，故步伐要注意轻松且富弹性，身体重心走弧线，脚跟要着地，经脚跟传到脚掌、脚尖，多应用踝关节屈伸的动作。助跑有两大目的：产生水平速度，把水平动量改为垂直动量和把身体置于在起跳时，对垂直蹬地最有帮助的位置。跑速非常慢时，可作到45度的起跳角度；而速度愈快时，要保持45度愈不可能。角度愈大，起跳的距离愈要加长，愈影响垂直速度。

助跑速度

助跑速度的产生由两种因素决定：一为助跑距离，一为助跑时间。助跑距离18公尺，约跑9~11步。整个助跑可分成前后两个阶段。前段为5至7步；后段较短，为4至5步，开始助跑时采用站立式起跑，或走几步或慢跑几步后踩站立式起跑线后起跑，步数算法以站立式起跑线为准。站立式起跑法较为稳定，后一种跑法可以缓冲，避免一开始时之立即紧张。前段助跑的动作要把摆动腿屈曲前摆，支撑腿充分后蹬，上体保持一定前倾，两臂配合腿的动作前后摆动，随着助跑速度的加快，助跑的步长逐渐加大，不过要注意微呈弹跃步。

进入后段时，身体重心不能下降，最后三步时，身体重心遂开始下降，为了有效地准备起跳，跑的动作应有变化，摆动腿以臀关节为轴心提起大腿，大腿之膝关节带动小腿积极前摆，小腿藉自己动量而迈出，脚跟先着地而迅速地滚动到前脚掌，按着后蹬，上体保持正直或稍前倾，两臂配合腿的动作加大前后摆动的幅度。

进入起跳点前两步时，是助跑过渡到起跳的重要阶段，助跑速度也在这时刻达到最快速度，身体重心也降到最低点，经过此阶段的保持进入最大助跑速度和重心高度起跳。最后一步身体应后倾，臀部位置要放低，使跳者能大力而快速地将水平动量改为垂直动量，造成最有利的起跳前姿势。最后一步步幅约比第二步短20～30公分，其动作重点是放在精力的保存，而非产生速度。因此，最后一步应下振，增加工作距离。若此时，髋、膝、踝三关节仍然伸直，则下肢伸肌没缩有收的余地，故须弯屈，但弯屈度不大。若弯屈度大时，身体重心会过度下沉，同时使大小腿由屈而做圆运动，既费时又减少向上速度，影响跳跃高度。

助跑方向

腹滚式起跑采用斜跑方向、斜跑之助跑与横竿所成的角度，可大亦可小，视个人速度习惯而有个别差异。助跑方向可能对起跳时之部分旋转及垂直、横一水平、中一水平轴周围之比例影响很大。事实上，助跑动作是连接跳者之起跳，及空中连续动作，因此习惯一旦养成，任何剧烈地改变起跳方向，必然会妨碍成绩。斜线助跑对跳高有利，可增加起跳时摆动之活动面，身体重心达到高点以前，身体某些部位掷在竿上或竿下成为可能。然而，助跑之斜面太小时，则跳者靠着横竿跑，不管身体过竿与不过竿都会在较高位置上之任何一点撞到横竿。其次为倒体要在起跳时完成，扩大向横竿倾斜，减少有效弹性。一般适当的助跑角度大约在30～40度之间。

助跑步点的测量

应先明了助跑的步数，后决定步幅，进而定助跑距离以及方向。步点的测量可先应用跑步，从起跳点成30～40度之倾斜，向相反方向跑出去。最后一步起跳脚的落地点作为助跑的起点，然后从起点反复地向起跳点跑几次，并作校正。若在红砖粉或煤渣跑道上练习，可借钉鞋印修正，甚为便利。助跑步点稳定后，可用走步、脚掌长或皮尺测量下来，测量时必须兼顾角度、方向，便利以后应用。

起 跳

起跳是决定高度的关键，是将水平动量改变为垂直动量，仅留部分水平动量越过横竿。从力学的原理来看，起跳是向前的力量与起跳腿前撑时得到的反作用力所造成的向上合力，因此跳跃角较大。起跳是从助跑的最后一步摆动腿支撑成垂直部位开始，到起跳腿跃离地面的瞬间动作。

起跳腿踩地

从助跑最后一步摆动腿支撑成垂直时开始，到起跳脚以全脚掌支撑时为止。助跑最后二步时，摆动腿向前跨出以脚跟着地，很快滚动到脚尖，同时骨盆迅速前移，至支撑垂直部位时，身体重心降低到最低，膝关节弯屈最大，使膝关节之屈肌和伸肌收缩加大，弹性质储存能量，以利重心垂直上移的有利条件，当骨盆前移通过支撑垂直部位后，摆动腿开始迅速有力地蹬地，使骨盆向前向上移动而超过肩部，起跳腿同时屈膝向前，以髋关节带动大腿，然后伸小腿，脚跟沿着地面向前跨出，在身体重心已经具有向上移动时，很快地以脚跟着地跨出起跳点，并迅速过渡到全脚掌支撑，减小起跳腿的制动作用，加快了身体重心向前向上移动的速度。摆动腿和两臂要与起跳腿协调配合，摆动腿在它迅速有力地后蹬结束后，起跳腿向前伸出，在要落地而未下落时开始起摆，这时骨盆迅速向前移，摆动腿则尽量留在后面，充分拉长髋关节之屈肌群，以利快速而大幅度的前摆。随着起跳腿放在起跳点，骨盆在向前向上移动的同时，完成绕横轴转的动作，它加快摆动腿在骨盆的带动下加速向前摆动。进入最后一步，摆动腿作为起跳腿时，维持上体正直或稍前倾的姿势，随着摆动腿完成滚转和起跳腿迈向起跳点，两臂同时拉向身后，以利向前上方摆动。

起跳腿撑顶

起跳腿全脚支撑到膝关节弯屈至最小角度时为止。由于助跑的快速，以及摆动腿边伸前摆的转动惯量，使起跳腿膝关节被迫弯屈缓冲巨大的动量，并使整个身体好象压紧的弹簧，存储巨大的能量，形成了形，此时髋关节要保持挺直，身体重心逐渐向上移动，摆动腿继续以髋关节带动大腿加速向前摆动。当膝盖摆过起跳腿后，脚尖跷起快速蹬伸小腿，成垂直向前上方摆起，边摆上边伸小腿兼重角速度和转动惯量，使角动量加大，利用此角动量来加大向上的瞬发力。

蹬伸起跳

为了身体能在空中行旋转而过竿，起跳腿在蹬伸时全身应稍向横竿倾斜，使身体重心偏离蹬地反作用力的作用线。摆动腿直腿向前向上摆动，同时带出髋部（同侧）；身体稍微转向横竿，两臂摆动时，摆动腿同侧的肩膀要稍高于起跳腿一侧的肩膀，产生了身体围绕矢状轴和纵轴的旋转瞬发力，使身体在起跳后能从垂直姿势变为水平姿势，以较低的重心俯卧在横竿上，并绕纵轴而过竿。

空中姿势

起跳后身体向上升高，虽然对重心的提高没有作用力，但对改变身体重心的飞行路线，却有很大关系。虽然身体重心的高度都一样，但因为空中姿势的不同，而使过竿的成绩有很大的差异。

起跳身体一旦进入空中后，身体便失去支持，没有着力点的动作是无法改变身体重心之飞行轨迹，身体仍然要沿着起跳时决定的投射线进行运动。在空中，跳者拥有在动量轴周围旋转的全部角动量，对于旋转和平衡控制有利，对于落地的准备尤为有用。在空中的身体，如果身体的一部分向一边的旋转轴运动，必然产生对边旋转轴上之方向相反，大小相等的运动。

倒　体

最好的过竿姿势，重心仍然在竿上，倒体动作是借重心不变，将竿上身体部位向下作用，导致竿下部位反作用来过竿。跳者在竿上的重量愈大，身体姿势愈高，则倒体动作愈差。相反地，跳者在最高点时，竿下的重量较大，愈靠近地面，则产生之倒体动作愈好，因为身体各部位显然已过横竿。腹滚式的倒体是利用纵轴为重心轴，产生绕纵轴旋转，在空中最高点时，跳者双臀和腹部因头、上躯干、双臂及摆腿位置较低的结果，对着重心相对的提高，经济而省力。

空中产生的动作

起跳腿之离心蹬地产生起跳旋转，旋转再转至摆腿及手臂之角动量。空中水平轴附近之旋转很明显，而且垂直轴周围也发生旋转，这两种旋转同在横竿的方向上，横水平轴周围旋转是一种较少相似的旋转形式。在某些腹滚式中，摆腿摆动产生的角动量大于跳者在起跳腿周围之向前旋转的补偿性动量，因而跳者离开地面伴有绕横轴之向后旋转，或一点也不发生旋转。

腹滚式之动量方向和横竿约成 30～40 度角，并稍微倾向沙坑，因此在整个跳跃中，跳者动量轴和纵轴成一明显的角度，也就是说，跳者纵轴沿动量轴旋转的锥体很大，腹滚式起跳后，起跳腿短暂悬挂着，臀部保持很高，帮助摆腿很快转过横竿，然后产生反作用力来移动躯干，使躯干和动量轴更接近，成为一条直线。摆腿摆向后成为与横竿较平行的姿势，旋转和倒体因而得到速度。头和胸部仅刚能过竿之高度，并立即落在主轴下，双臀和双腿则相对提高，超过动量轴之高度后产生旋转腹滚式的姿势是根据人体结构而产生的跳高方式。正常人的姿势是腹部、臀部弯曲，在骨盆、髋关节的活动范围内，作向前改变姿势容易，角度改变比较大，动作自然，故身体过竿比较容易。

落地动作

落地动作是考虑落地的部位，以较大的身体部位着地，或以能产生屈伸的肢体来着地，增长着地时间，吸收力量，使身体安全着地。以往腹滚式着地，以右手、右肩、背后、右脚四点顺序着地，应用关节的分节运动来逐渐缓冲着地力量，但现在采用翻转的方式过竿着地。

起跳前减速，甚至有停顿现象

1. 产生原因。助跑节奏不稳定，起跳前降低重心太多，放脚时过度前伸，上体后仰产生较大制动。初学者由于技术不熟练，有怕竿心理也会造成在起跳前减速或停顿。

2. 纠正方法。反复在竿前做助跑起跳练习，注意助跑后几步身体重心平稳，最后一步起跳时放脚要快。可用皮筋代替横竿克服害怕心理。

起跳时身体过早倒向横竿

1. 产生原因。由于助跑最后 *1~2* 步不能适度保持身体内倾，过早地向横竿方向转体，注意力过分集中在腾空动作上，过早做过竿成桥的姿势。

2. 纠正方法。加强竿前弧线助跑练习或跳上海绵垫等练习，注意起跳前的身体内倾和起跳垂直向上的动作及摆腿摆臂的方向。

起跳时摆动脚擦地

1. 产生原因。摆腿时蹬伸用力不够，大小腿折叠不够，小腿过早踢出。

2. 纠正方法。采用弧线连续上步快速而有力地蹬摆起跳，摆腿用力蹬地后立即上收、小腿折叠，以髋带腿向前上方摆出。

放脚不正确

1. 产生原因。助跑弧线小或在弧线上突然跑切线甚至最后 *1 ~ 2* 步跑成直线，造成起跳放脚时膝关节向外撇与横竿平行。不仅影响起跳方向，也易使踝、膝关节损伤。

2. 纠正方法。加大助跑弧线，防止弧线上跑切线（弧线跑五步）。注意放脚的方向。

摆腿起跳时臀部后坐

1. 产生原因。迈步起跳时髋送不出去，摆腿时没有以髋带腿。另外，由于髋关节灵活性差，送髋摆腿动作也受到一定的限制。

2. 纠正方法。迈步起跳时摆动腿积极地送髋，起跳脚着地时髋快速移上支撑点。另外，加强髋关节灵活性练习。

弧线助跑中常见错误动作

最后两步倒体过早

1. 产生原因。弧线跑的概念不清，助跑弧线太小，速度过缓，助跑距离太短。弧线上保持身体内倾至最后一步快速由内倾转成垂直掌握不好。

2. 纠正方法。建立正确弧线助跑概念，观摩优秀运动员技术录像及正确示范。注意弧线跑时身体倾斜角度应由小—大—零的合理变化。加大助跑弧线练习，反复做全程助跑练习等。

助跑加速不匀，节奏紊乱，致使起足失败

1. 产生原因。助跑步点不准确，缺乏节奏感，学生对横竿有恐惧感，注意力不集中。

2. 纠正方法。调整助跑距离，找出最适宜的助跑步点，采用划线、设标记、听节拍等培养学生的节奏感。可用橡皮筋代替横竿克服

恐惧心理。

助跑速度过快，致使跳不起来

1. 产生原因。可控速度掌握不好，腿部力量差，支撑能力不够。

2. 纠正方法。控制跑的速度和节奏，加强腿部力量训练。

过竿落地时常见错误动作

坐着过竿，做不出送髋动作

1. 产生原因。腾空后害怕肩背着垫，不敢做两臂外展和头后仰的动作，起跳后摆动腿放不下来，髋送不出去。

2. 纠正方法。可采用垫上送髋，倒体成桥，原地高台过竿和助跑过竿等练习。

身体与横竿斜交叉过竿

1. 产生原因。起跳前倒体太早，影响了沿纵轴转体，摆动腿沿横竿摆的动作用力不够。

2. 纠正方法。采用竿前助跑起跳，起跳时注意摆动腿的摆动方向和防止倒体过早的动作。3～5步助跑起跳摆动腿触高物并沿纵轴转体90～270度，摆动腿用力向内摆。

大腿后侧和小腿擦落横竿

1. 产生原因。起跳后挺髋仰头下潜和大小腿折叠上摆不够，过竿时收展不及时。

2. 纠正方法。竿前做原地背越式过竿练习，注意体会空中挺髋动作和过竿时收腿的时机。

头肩先着垫

1. 产生原因。落地高度过高（垫子太低）。过早收大腿，喜欢后滚翻。

2. 纠正方法。加高海绵垫，做原地背越式过竿练习，注意纠正落地位置不正确和落地时身体过于放松的错误。

落地时双手先撑地

1. 产生原因。害怕肩背着垫，腾空时失去身体平衡。

2. 纠正方法。垫上后倒肩背着垫练习，在较高的起跳位置做有竿或无竿的原地背越式练习。

4. 背越式跳高技术

背越式跳高弧线助跑技术

1. 连续 8 步弧线上走。

2. 连续 8 步弧线上慢跑。

3. 连续 8 步弧线上节奏跑。

4. 连续 8 步弧线上节奏跑加轻跳起。

起跳技术

小弧线有支撑起跳蹬摆配合练习（以左脚起跳为例）：

准备姿势

身体侧对肋木，双脚踏小弧线上，左脚脚间斜对肋木即指向小弧线的切线方向；右脚前脚掌大脚趾侧着地，右膝半屈并保持一定紧张度；上体稍后内倾，右臂伸直，手抓住肋木；左臂微屈于体后；眼看切线前上方；整个身体内倾。

蹬摆动作

在身体重心前移的过程中，摆动腿屈膝加速向前稍向内作弧形摆动。随着上体前移，起跳腿被迫压弯，重心移到支撑腿上，整个身体仍有一定内倾。此时摆动腿继续屈膝沿弧线上摆，同时起跳腿有力的蹬伸，完成起跳动作。此瞬间，起跳腿的踝、膝、左髋、上体与左肩几乎形成一条垂直地面的垂线。摆动腿与地面平行或稍高，膝在踝的内侧，即小腿与膝关节垂线有一小夹角。

短程助跑起跳技术

学习小弧线两步助跑起跳技术

1. 准备姿势：左脚在前，右脚在后，面对肋木，整个身体内倾站在小弧线上。

2. 动作方法：助跑开始右腿快速前摆，右脚（摆侧脚）以大脚趾侧着地于弧线上，被迫压弯的右膝、右踝保持一定紧张度，也称其为"硬"支撑，随即蹬伸右腿，起跳腿的脚低而快的前迈，以脚跟外侧着地，迅速沿脚外侧过渡到全脚掌，脚尖指向弧线的切线方向快速起跳。节奏为"嗒嗒!"。

学习小弧线四步助跑起跳技术

1. 准备姿势：面向肋木，左脚在前，右脚在后，站在小弧线上。

2. 动作方法：右脚前脚掌内侧着地，左脚以前脚掌外侧着地，以整个身体内倾的弯道跑技术助跑两步，紧接小弧线两步助跑起跳技术。节奏是"嗒－嗒－嗒嗒"或为"*1－2－3、4*"。

助跑弧线的丈量与确定

起跳点的确定

以起跳脚侧的立柱为准，沿横竿向内走 *2.5－3.5* 脚长（*60－90*

公分），然后沿横竿方向内场走 2.5～4.5 脚长（60～115 公分），此点起跳点 A。

助跑弧线的丈量与确定

以起点为准，与横竿平行向外走 16～18 脚长，画一点 B。按后与横竿延长线垂直方向走 17.5～19.5 脚长，画一点位置段为弧段点 C。再从支脚点向内走 20～24.5 脚长为助跑起动点 E。连接 A、D、C、E、4 点画出自己的助跑弧线。此弧线长 8～10 步。

画出弧线后还要经过反复实践练习，最后确定下来适合自己的助跑弧线，并把它记录下来。此弧线并非固定不变，可根据自己体力、天气、场地与助跑情况作适当调整。

全程助跑技术

动作方法：直线段采用有弹性的直线加速跑动作。在助跑转入弧线处，直线助跑变弧线助跑动作过渡要自然。弧线助跑为摆肩领先条件的整个身体内倾的弯道跑技术。节奏是"1-2-3-4-5-6-7、8"，加速、快节奏跑过起跳点。

全程助跑与起跳相结合

全程助跑节奏跑不轻起跳

动作方法：在完成良好的全程助跑的情况下，在倒数第二步要"硬"支撑，又叫蹬伸要快并有力，要作无起跳准备的轻起跳。轻起跳时一定要拔腰、竖肩。用"他声"或"自声"控制 8 部节奏，拔腰、竖肩。强化节奏时空感。

全程助跑起跳与垂直升起

动作方法：在全程助跑节奏与轻起跳练习的基础上，左腿爆发快速蹬伸，起跳结束时，身体才由内倾变垂直。起跳腿的踝、膝、髋、左肩成一垂线，拔腰、竖肩。右肩高于左肩，并领先于左肩。右臂上伸，小臂内旋。左小臂旋内，左肘与肩平，头上顶，两眼看左前上方。整个身体向上飞进。

全程助跑起跳技术练习

动作方法：全助8~10步助跑起跳，身体在向上腾起过程中，提髋，向上竖右肩，右小臂内旋上伸，头左转并上顶，摆动腿保持膝角。当右臂、头达到高台上方时，仰头、挺胸、提髋，两臂下放并靠近体侧，摆腿大腿下放。接着继续仰头、挺胸、拔腰、提髋，两膝保持角度稍外翻，两脚向背后伸，正交仰卧背着高台，形成良好的背弓动作。

过竿落地与过竿落地练习

四步弧线助跑跳上矮高台下滑过竿落地练习

动作方法：小弧线四步助跑起跳，落在矮高台上，然后仰头、下肩，挺胸、拔腰、挺髋，两臂下放于体侧下滑，两膝保持角度，两脚向背后伸。当头接近垫子时，低头、沉肩、含胸，继续挺髋，大腿上升，上伸小腿，以肩着垫子。

四步弧线助跑背越跳过矮高台练习

动作形态同练习1。区别在起跳后不要坐上，直接过竿与落地动作。除不要直落矮台上外，其他要求同练习1。

无横竿全程助跑起跳过竿练习

动作方法：8~10步全程助跑，起跳后拔腰竖肩向上腾起，仰头、挺胸、提腰、挺髋放腿臂，两脚后伸。仰头、沉肩、挺胸、拔腰、挺髋、升大腿，小腿仍后屈。低头、沉肩、含胸、拔腰、挺髋，脚上伸，肩与上背着垫上。

全程助跑背越式过低竿技术

动作形态与要求的节奏时空感训练同练习7的内容。

全程助跑背越式技术

动作方法：节奏时空感训练同练习（八）之1。突出要求起跳拔腰、竖肩向上腾起，晚做过竿动作。

5. 常见错误动作

起跳常见错误

起跳前减速，甚至有停顿现象

1. 产生原因。助跑节奏不稳定，起跳前降低重心太多，放脚时过分前伸，上体后仰产生较大制动。初学者由于技术不熟练，有怕竿心理也会造成在起跳前减速或停顿。

2. 纠正方法。反复在竿前做助跑起跳练习，注意助跑后几步身体重心平稳，最后一步起跳时放脚要快。可用皮筋代替横竿克服害怕心理。

起跳时身体过早倒向横竿

1. 产生原因。由于助跑最后 *1～2* 步不能适度保持身体内倾，过早地向横竿方向转体，注意力过分集中在腾空动作上，过早做过竿成桥的姿势。

2. 纠正方法。加强竿前弧线助跑练习或跳上海绵垫等练习，注意起跳前的身体内倾和起跳垂直向上的动作及摆腿摆臂的方向。

起跳时摆动脚擦地

1. 产生原因。摆腿时蹬伸用力不够，大小腿折叠不够，小腿过早踢出。

2. 纠正方法。采用弧线连续上步快速而有力地蹬摆起跳，摆腿用力蹬地后立即上收、小腿折叠，以髋带腿向前上方摆出。

放脚不正确

1. 产生原因。助跑弧线小或在弧线上突然跑切线甚至最后 *1~2* 步跑成直线，造成起跳放脚时膝关节向外撇与横竿平行。不仅影响起跳方向，也易使踝、膝关节损伤。

2. 纠正方法。加大助跑弧线，防止弧线上跑切线（弧线跑五步）。注意放脚的方向。

摆腿起跳时臀部后坐

1. 产生原因。迈步起跳时髋送不出去，摆腿时没有以髋带腿。另外，由于髋关节灵活性差，送髋摆腿动作也受到一定的限制。

2. 纠正方法。迈步起跳时摆动腿积极地送髋，起跳脚着地时髋快速移上支撑点。另外，加强髋关节灵活性练习。

弧线助跑中常见错误

最后两步倒体过早

1. 产生原因。弧线跑的概念不清，助跑弧线太小，速度过缓，助跑距离太短。弧线上保持身体内倾至最后一步快速由内倾转成垂直掌握不好。

2. 纠正方法。建立正确的弧线助跑概念，观摩优秀运动员技术录

像及正确示范。注意弧线跑时身体倾斜角度应由小—大—零的合理变化。加大助跑弧线练习，反复做全程助跑练习等。

助跑加速不匀，节奏紊乱，致使起足失败

1. 产生原因。助跑步点不准确，缺乏节奏感，学生对横竿有恐惧感，注意力不集中。

2. 纠正方法。调整助跑距离，找出最适宜的助跑步点，采用划线、设标记、听节拍等方法培养学生的节奏感。可用橡皮筋代替横竿克服恐惧心理。

助跑速度过快，致使跳不起来

1. 产生原因。可控速度掌握不好，腿部力量差，支撑能力不够。

2. 纠正方法。控制跑的速度和节奏，加强腿部力量训练。

过竿落地时常见的错误动作

坐着过竿，做不出送髋动作

1. 产生原因。腾空后害怕肩背着垫，不敢做两臂外展和头后仰的动作，起跳后摆动腿放不下来，髋送不出去。

2. 纠正方法。可采用垫上送髋，倒体成桥，原地高台过竿和助跑过竿等练习。

身体与横竿斜交叉过竿

1. 产生原因。起跳前倒体太早，影响了沿纵轴转体，摆动腿沿横竿摆的动作用力不够。

2. 纠正方法。采用竿前助跑起跳，起跳时注意摆动腿的摆动方向和防止倒体过早的动作。3~5步助跑起跳摆动腿触高物并沿纵轴转体90~270度，摆动腿用力向内摆。

大腿后侧和小腿擦落横竿

1. 产生原因。起跳后挺髋仰头下潜和大小腿折叠上摆不够，过竿时收展不及时。

2. 纠正方法。竿前做原地背越式过竿练习，注意体会空中挺髋动作和过竿时收腿的时机。

头肩先着垫

1. 产生原因。落地高度过高（垫子太低）。过早收大腿，喜欢后滚翻。

2. 纠正方法。加高海绵垫，做原地背越式过竿练习，注意纠正落地位置不正确和落地时身体过于放松的错误。

落地时双手先撑地

1. 产生原因。害怕肩背着垫，腾空时失去身体平衡。

2. 纠正方法。垫上后倒肩背着垫练习，在较高的起跳位置做有竿或无竿的原地背越式练习。

起跳前减速和制动

产生原因：

1. 过早地为起跳做准备的心理，造成最后几步助跑减速，上体后仰。

2. 倒数第二步摆动腿支撑过渡过于消极，身体中心前移的幅度和速度不够。

3. 起跳腿前伸过远，着地时摆动腿尚未靠近起跳脚的支撑点，它所产生的冲击力减缓了身体重心前移的速度，造成制动。

纠正方法：

1. 重复讲解背越式跳高的技术特点，进一步建立助跑与起跳结合技术的正确概念。

2. 反复连续进行单足（摆动腿）跳和上步起跳练习，摆动腿的支撑力量和增强摆动腿的蹬摆意识。

3. 通过全程节奏跑和全程助跑起跳练习，使学生逐渐习惯于在不

断地加速中过渡到起跳，从而使助跑和起跳紧密地衔接起来。

起跳后过早倒体

产生原因：

1. 有急于过竿的心理，在起跳时增加了向横竿方向的用力。

2. 在沿弧线跑进时，没有很好地控制身体，逐步地加大内倾或者由于最后两步跑成直线，在离心惯性力的作用下，加快了上体倒向横竿。

3. 在倒数第二步摆动腿支撑过渡阶段，由于没有获得"牢固"的支撑和保持身体内倾姿势踏向起跳点，造成过早倒向横竿。

纠正方法

消除怕过不了竿的心理障碍。要让学生明白。由于助跑最后一步与横竿约成 30 度角水平方向的运动已经提供了人体总重心超越横竿的可能性，因此，起跳时应把所有的注意力集中于向上的起跳。

背越式跳高的技术训练

背越式跳高的技术训练是在跳高技术教学的基础上进行的。背越式跳高技术的特点是"快速"，即在快速助跑的前提下完成快速起跳和快速过竿。基本技术训练采用的练习可参照本章第三节背越式跳高技术教学法中的各种练习，根据运动员的实际情况加以选用。

助跑技术的训练

1. 4~6 步弧线节奏跑练习，重点培养运动员弧线助跑的身体形态和助跑节奏。

2. 8~10 步全程助跑练习，在保证助跑速度的情况下强调助跑的节奏与身体形态。

3. 30 米弯道跑练习，提高弧线助跑的速度。

4. 30 米直道＋30 米弯道跑练习，助跑速度由直道进入弯道自然过渡能力的练习。

起跳技术的练习

1. 小弧线两步起跳技术的练习，主要练习放脚踏跳、摆动腿和两臂的摆动以及身体形态的控制。

2. 小弧线 *4* 步助跑起跳练习，主要练习在保持良好的身体形态和助跑节奏的前提下快速起跳的能力。

3. 全程助跑加轻起跳练习，主要练习快速助跑和快速起跳相结合的能力。

4. 全程助跑起跳摸高练习，主要练习在全程快速助跑前提下全力起跳的能力。

过竿技术的训练

1. 仰卧矮高台竿上肌肉感觉练习，主要体会运动员在竿上是身体各部位的肌肉感觉。

2. 两步助跑跳上矮高台成仰卧练习，在运动中完成练习 *1* 的内容。

3. 四步助跑起跳过矮高台竿上技术练习。

4. 四步助跑过低竿练习。

5. 全程助跑过低竿练习。

6. 全程助跑跳上高台练习。

7. 全程助跑过竿（不同高度）技术练习。

落地技术的训练

落地技术可在过竿技术训练的初始阶段性进行。

跳高的素质训练

速度素质的训练

跳高运动员的速度素质包括跑的速度、动作速度和反应速度。在训练中应结合跳高的技术特点，重点发展跳高专向速度素质。

1. 跑的速度的训练

（1）30 米弯道计时跑。

（2）30 米直道计时跑。

（3）30 米直道 + 30 米弯道计时跑。

（4）上坡跑或下坡跑。

（5）150 米跑。

（6）200 米跑。

2. 动作速度的训练

（1）各种速度重复动作的练习，如原地快速摆臂和摆腿练习，快速高抬腿练习，起跳腿踏上跳箱盖快速蹬伸练习等。

（2）持轻器械或轻负重的快速摆动和起跳练习。

（3）20～30 米起跑计时练习

3. 反应速度的练习

（1）各种活动性游戏、球类、体操等练习。

（2）各种组合性、综合性练习。

（3）听信号或看信号完成各种练习。

（4）各种变换速度和节奏的练习。

力量素质的训练

力量素质指的是运动员的肌肉力量，主要包括肌肉的最大抗负荷能力（绝对力量）、肌肉弹性成分吸收储存和释放弹性的能力（弹性力量）、肌肉力量的最大输出速率（快速力量）等。跳高运动员所需要的力量素质主要是腿部及腰腹部的肌肉力量。

1. 绝对力量的训练

（1）负重深蹲。

（2）负重半蹲。

（3）负重提踵。

（4）各种负重或徒手的腰腹肌练习。

（5）负重卧推。

2. 弹性力量的训练

（1）弹性负重深蹲：练习负荷为最大负荷的40%～60%，要求运动员在深蹲的最低部位是依靠重力在下肢肌肉不主动发力的情况下，做振幅为10公分左右的2～3次连续的起伏震动动作（上体的形态保持不变），然后借肌肉弹性发力蹬伸。

（2）台阶弹性跳下法：采用从台阶上连续向下跳的方法，利用运动员身体重量在向下跳的过程中的重力作用，刺激肌肉中的弹性成分。在跳下着地过程中应以前脚掌着地，膝关节角度为140°～150°，膝关节角度尽量保持不变，以便保证肌腱等弹性成分所受的刺激强度不变。

（3）弹性负重深蹲跳：负重方式与练习（1）类似，采用轻负荷（杠铃重20～40kg），深蹲提踵，利用杠铃的重量做振幅为10公分左右的连续向前蹲姿跳跃运动。

（4）各种跳跃练习

3. 快速力量的训练

（1）快速负重深蹲计时，每组练习4～6次，负荷为最大负荷的30%～60%。

（2）快速负重半蹲计时，每组练习4～6次，负荷为最大负荷的60%～80%。

（3）抓举练习。

（4）负重快速地上跳箱盖蹬伸练习。

（5）前抛或后抛铅球。

4. 灵敏性、协调性素质是完成及控制运动员自身动作能力的保证，训练方法很多，像各种球类运动、简单的练习体操、准备活动中的游戏等。发展柔韧性素质一般在准备活动中或训练结束后进行，像各种拉长练习、摆振练习、背桥练习等。

5. 耐力素质的训练

跳高比赛时间长，需要动员具备长时间保持高强度运动的能力。因此，跳高运动员应有良好的耐力素质。常用的练习方法有：

（1）长时间、小强度各种形式跑的练习。

（2）各种组合循环练习。

（3）长时间的球类活动。

（4）长时间、小强度的各种跳跃练习。

心理素质的训练

跳高运动是运动员征服自己本身极限的一项运动，而跳高比赛又非常紧张激烈，运动员不仅要和自己比，还要同其他运动员竞争，因此，要有良好的心理素质。心理训练应贯穿在平时训练中，教练员要善于运用启发和诱导的方法，培养运动员刻苦、自觉训练的精神，在训练中以身作则，严格要求，培养运动员专心致志、集中精力、勇于克服困难的能力，也可以运用模拟训练、增加训练难度、改变练习环境等方法，提高运动员的自我控制能力和抗干扰能力。

6. 比赛前的训练

赛前训练对完善运动员技术、稳定赛前心理，完成预定目标有着十分重要的意义。赛前训练的时间一般为 6~8 周，训练内容主要有完善技术训练、体能储备训练、赛前心理训练等。赛前训练分为两个周期，分别为 3~4 周。

赛前训练第一周前排

大负荷训练周

技术训练和身体素质训练均采用大运动量、中等运动强度的方法和手段进行，此赛前超量恢复打好基础。

中等负荷训练周

身体素质训练采用中等运动量和中等强度进行，技术训练可采用大强度进行练习。

模拟比赛训练周

根据比赛的作息时间、比赛环境，进行中等负荷的训练。另外可根据比赛时间、程序、场地条件、起跳高度、升竿计划、对手情况等内容进行一次模拟比赛训练。

赛前训练第二周期训练安排

中等负荷训练周

素质训练以中等强度的力量训练为主，进一步提高各项技术。

小负荷训练周

适当降低训练负荷和训练强度，加强心理素质训练。

赛前调整周

根据每个运动员的情况安排，一般需要3～5天的调整。具体时间与内容如下：

星期一是基本技术课中1、2、3、4的练习内容；

星期二为副项；全程节奏跑3～4次，短程技术3～4次；

星期三熟悉场地；全程节奏跑3～4次，短程技术3～4次；

星期四测试力量指标；

星期五测试跳跃指标；

星期六测试速度指标。

另外还要进行全程技术 ×3~4 次的强度训练，掌握中上强度，熟悉技术。

跳高训练计划示例

业余运动训练中小周期的划分

1. 每周安排 3 次训练课，两周 6 次为一个小周期。

2. 每周安排 4 次训练课，两周 8 次为一个小周期。

3. 每周安排 6 次训练课，一周 6 次为一个小周期。

4. 柔韧性和灵活性训练含有技术因素，可放在基本技术、力量课中或在准备活动中进行。

训练课内容安排示例

基本技术训练课

1. 有支撑小弧线蹬摆配合练习；

2. 小弧线两步放脚；

3. 小弧线两步起跳；

4. 弧线 4 步助跑起跳；

5. 全程助跑节奏跑；

6. 全程助跑节奏跑 + 轻跳；

7. 短程助跑起跳过竿专门练习。

跳高专项能力和全程技术训练课

1. 全程助跑起跳头顶高；

2. 全程助跑起跳手触高；

3. 全程助跑起跳跳上高台；

4. 全程助跑起跳过竿练习。

速度训练课

1. 小上坡的全程助跑节奏跑（冬季）；

2. 小上坡的全程助跑节奏跑（春季）；

3. 平地的全程助跑节奏跑（赛前 1~2 月）；

4. 上坡 60 米（冬季）；

5. 下坡 60 米（春季）；

6. 下坡 50 米 + 平地 10 米跑（春季）；

7. 起动 30 米弯道跑；

8. 起动 30 米直道跑；

9. 起动 30 米直道 + 30 米弯道跑；

10. 起动 30 米直道 + 30 米弯道跑。

速度耐力训练课

1. 起动 100 米直道 + 50 米弯道跑；

2. 起动 50 米弯道跑 + 100 米直道 + 50 米弯道跑；

3. 起动 50 米直道 + 114 米弯道跑 + 100 米直道 + 50 米弯道跑。

快速力量训练课

第一组：

1. 快速深蹲（或弹性力量），计时，（50%~60% 最大重量）×5
次×5 组。

2. 上一步跳高起跳，上推杠铃，（60%~70% 体重）×10。

3. 全程助跑起跳手触高 ×6 次。

4. 上坡跑，60 米 ×3 次（冬季）；下坡跑，60 米 ×3 次（春季）。

第二组：

1. 快速半蹲，二倍体重或稍重×（10~12次）。

2. 跳栏架或跳深，5栏×5次×4组。

3. 上一步起跳摆动腿拉力练习，（5~7.5kg×15次）×（2~3组）；快速高翻，（50%~100%体重）×（8~10次）。

4. 腹背肌练习×20次。

5. 多级跨跳（单足跳1+跨步跳2）×30米×3组；

大力量训练课

第一组：

1. 深蹲，（70%~80%）体重×5；（75%~85%）体重×4；（80%~95%）体重×3；（85%~100%）体重×2；（90%~110%）体重×1。

2. 全程助跑起跳手触高6次。

3. 上坡跑60米×3次（冬季），下坡跑60米×3次（春季）。

第二组：

1. 半蹲，85%体重×（6~8次），90%体重×（4~6次），95%体重×（2~4次）（学期初）；100%体重×（6~8次），105%体重×（4~6次），110%体重×（2~4次）（学期末），以上练习做一组。

2. 跳栏架或跳深，5栏×5次×4组。

3. 抓举或高翻，重量不变或（50%~100%体重）×10次或每次增加5kg增加到最大。以上练习做两组。

4. 肩负杠铃提蹬踏上25~30公分的高台，（90%~100%体重）×（6~8次），左右腿交换做。

5. 后抛铅球，4~7.26kg×10。

6. 多级跨跳（单足跳1+跨步跳2）×30米×3。以上练习做3组。

柔韧性练习

1. 有支撑的背弓练习；

2. 跪背弓练习；

3. 桥练习；

4. 后滚翻成直腿的肩肘倒立；

5. 后滚翻成屈小腿的肩肘倒立；

6. 利于打挺；

7. 前手翻；

8. 后手翻；

9. 前空翻；

10. 后空翻。

跳高的项目特点

跳高的项目特点是：利用助跑起跳创造最大的腾空高度。因此，围绕着如何取得尽可能高的腾空高度，在跳高技术和身体素质方面，还具有以下特点：

跳高助跑

跳高助跑是在短跑技术的基础上以其特有的节奏和加速方式沿着直线和弧线按照准确的距离进行的。运动员为了进一步提高成绩，又必须加快助跑速度，促使运动员的起跳力量和起跳技术得到相应的发展，以期与助跑速度相适应。

助跑与起跳技术的结合

助跑与起跳技术的结合是跳高完整技术中十分重要的环节，它起着承上启下的作用，同时对正确的完成起跳动作、提高起跳效果具有直接影响。

跳高起跳

跳高起跳是要在充分利用助跑速度的基础上，用较短的时间（0.15～0.23秒）来发挥尽可能大的快速蹬伸力量。起跳效果的主要标志是腾起角度的适宜程度和垂直速度的大小。肌肉的收缩速度和收缩力量，取决于肌肉工作的初始状态和用力技巧（运动技术）。起跳技术的合理性和摆动与蹬伸动作的协调配合是影响起跳效果的关键因素。

跳高成绩

跳高成绩是由人体离地瞬间身体重心高度（重心高度）H_1、身体重心腾起高度（腾起高度）H_2、身体重心腾起高度与横竿高度之差（竿上高度）H_3 所组成。

离地高度 H_1 受运动员身高的影响很大，现代世界优秀跳高运动员的身高，男子约为1.90～2.00米，女子约1.78～1.88米，腿长/身高约49.7～52%。H_1 还受肢体摆动幅度的影响，双臂的上摆能使重心的提高为身高的4%，摆动腿为6%，臂、腿同时竖直上举能使重心的提高为身高的10%；此外，起跳腿三关节的充分蹬伸也有利于增大 H_1 的值。

腾起高度 H_2 受运动员的身体条件、身体素质（速度、力量、柔韧、协调）等和起跳技术的制约。从技术原理分析，H_2 要受起跳力量（着地缓冲力量和起跳蹬伸力量）、起跳时间和起跳时身体重心垂直移动距离的影响。

竿上高度 H_3 的大小主要取决于运动员的过竿技术，表现为运动员在腾空过程中，利用肢体的补偿运动、身体转动速度，以及协调控制身体动作的能力，最大限度地利用重心腾起高度。此外，运动员的心理素质对技术的发挥会产生影响，所以也会影响 H_1、H_2 和 H_3 的值。

起跳身体状态

人体起跳离地瞬间，身体应尽量保持竖直状态，使起跳蹬伸所产生的地面反作用力通过人体重心。任何身体倒向横竿的动作都是错误的。由于助跑的水平速度、起跳速度和起跳中惯性的作用，人体在腾空后必然会进入横竿。

运动轨迹

人体腾空后的任何动作都不能改变身体重心的运动轨迹。跳高运动员在空中只能利用补偿运动，将已过竿的身体部分下降，使即将过竿或正在过竿的身体部分上升，以达到经济过竿的目的。

转动速度

由于起跳动作和空中的补偿运动，人体获得一定的转动速度。正确利用人体在空中的转动速度，会有助于身体各部分依次过竿，减少触竿的可能性，实现充分利用身体腾起高度的目的。

跳高"三快"

现代背越式跳高要求快速助跑、快速起跳和快速过竿。如果说过去曾把俯卧式跳高看作是力量和幅度的结合，着重挖掘运动员力量素质的潜力，而现代背越式跳高则在力量、幅度和速度的结合中，充分发挥和挖掘运动员的速度素质潜力。

专项训练

作为竞技运动的跳高，运动员的训练必须是在全面身体训练的基础上，突出专项训练。要以速度为核心发展运动员的快速力量、柔韧性和协调性。

作为健身运动的跳高，可以全面地发展人的身体素质，提高运动能力，特别是对培养克服困难的意志品质、自我控制能力以及稳定自信果断的心理素质起着重要的作用。

7. 跳高竞赛规则

1. 应抽签排定运动员的试跳顺序。

2. 比赛开始前，主裁判应向运动员宣布起跳高度和每轮结束后横竿的提升高度，此计划直至比赛中只剩下 1 名获胜的运动员为止。

3. 除非比赛中只剩下 1 名运动员，并且他已获得该项目比赛的冠军，否则：

（a）每轮之后，横竿升高不得少于 2 厘米。

（b）横竿升高的幅度不得增大。

在规则第 12 条 1（a）、（b）、（c）的全能比赛中，每轮的横竿提升高度均为 3 厘米。

4. 运动员必须用单脚起跳。

5. 一旦比赛开始，运动员不得使用助跑道或起跳区进行练习。

6. 如有下列情况之一者，则判为试跳失败：

（a）试跳后，由于运动员的试跳动作，致使横竿未能留在横竿托上；

（b）在越过横竿之前，运动员身体的任何部位触及立柱地面或落地区。如果运动员在试跳中一只脚触及落地区，则不应判为试跳失败。

7. 运动员可以在主裁判事先宣布的横竿升高计划中的任何一个高度开始试跳，也可在以后任何一个高度根据自己的愿望决定是否试跳。但在任何高度上，只要运动员连续 3 次试跳失败，即失去继续比赛的资格。因成绩相等而进行的决名次赛的试跳除外。

允许运动员在某一高度上第一次或第二次试跳失败后，在其第 2 次或第 3 次试跳时请求免跳，并在后继的高度上继续试跳。

运动员在某一高度上请求试跳后，不准在该高度上恢复试跳，除非出现第 1 名成绩相等的情况。

8. 每次升高横竿后，在运动员试跳之前，均应测量横竿高度。当横竿放置在纪录高度时，有关裁判员必须进行审核测量。如果自上一次测量纪录高度后，横竿又被触及，在后继的纪录高度的试跳之前，裁判员必须再次测量横竿高度。

注：裁判员应在比赛前清楚辨认横竿的 7 面和前面。放置横竿时，应使横竿的各面始终朝向后来的方向。

9. 即使其他运动员均已失败，一名运动员仍有资格继续试跳，直至其放弃继续比赛的权利。当某运动员已在比赛中获胜时，有关裁判员或裁判长应征求该运动员的意见，由该运动员决定横竿的提升高度。

注：此规定不适用于全能比赛项目。

10. 每名运动员应以其最好的一次试跳成绩，包括因第 1 名成绩相等而进行的决名次赛的试跳成绩，作为其最后的决定成绩。

助跑道和起跳区

11. 助跑道的长度不得短于 15 米。举办规则第 12 条 1（a）、(b)、(c) 的比赛，助跑道长度至少应为 20 米，条件允许时，至少应长 25 米。

12. 助跑道和起跳区朝向横竿中心地点的总的最大倾斜度不得超过 1：250。

13. 起跳区应保持水平。

14. 标志物：为有助于助跑和起跳，运动员可以使用 1 ~ 2 个标志物（由组委会批准或提供）。如果未提供此类标志物，运动员可以使用胶布，但不可使用粉笔或其他任何擦不掉痕迹的类似物质。

器 材

15. 跳高架：可以使用结构坚固的各种类型的跳高架或立柱。

跳高架应有能稳定放置横竿的横竿托。

跳高架应有足够的高度，至少应超过横竿实际提升高度10厘米。两立柱之间的距离为4.00~4.04米。

16. 在比赛过程中不得移动跳高架或立柱，除非有关裁判长认为该起跳区或落地区已变得不适于比赛。如需移动跳高架或立柱，应在试跳完一轮之后进行。

17. 横竿：横竿应用玻璃纤维、金属或其他适宜材料制成。除两端外，横竿的横截面呈圆形。横竿全长为4米（±2厘米），最大重量2千克。

横竿圆形部分直径30毫米（±1毫米）。

横竿应由3部分组成，圆竿和两端。为便于放置在横竿托上，横竿两端应宽30~35毫米，长历~20厘米。质地坚硬而平滑。

横竿两端不得包裹橡胶或任何能增大与横竿托之间摩擦力的物质。

横竿应无弯斜，放在横竿托上时，最多下垂2厘米。

横竿的弹性检查：放好横竿后，在横竿中央悬挂3千克重物，最多允许下垂7厘米。

18. 横竿托：横竿托应水平放置，呈长方形，宽4厘米，长6厘米。在跳跃过程中，横竿托必须固定在立柱上。横竿托必须朝向对面立柱，放在托上的横竿被运动员触碰时，应易于向前或向后掉落。

在横竿托上不得包裹橡胶或其他能够增大与横竿之间摩擦力的任何物质，亦不得使用任何种类的弹簧。

19. 横竿两端与立柱之间至少应有1厘米的空隙。

落地区

20. 落地区不得小于5X3米。

注：跳高比赛时，跳高架立柱与落地区之间至少应有10厘米的空隙，以免由于落地区移动而触及立柱，以致碰落横竿。

竞赛场地

跳　高

在跳高比赛中，跳高运动员从起跑点到横竿下有 *20* 米长。横竿有 *4* 米长，不超过 *4* 公斤重，由两根竖竿支撑。跳高运动员会落到一个很大很柔软的泡沫垫子上。

撑竿跳

在撑竿跳比赛中，撑竿跳运动员助跑距离有 *40* 米长，起跳时将他们的撑竿伸出，插向跑道尽头一米长的凹陷槽。凹陷槽的槽面向跑道尽头加深，最深处达 *20* 厘米。凹陷槽呈锥形，以便在跑道尽头卡住撑竿。撑竿很平滑，并且按运动员需要的长度和粗细来制作。撑竿跳的横竿与跳高横竿基本相同，但为了安全它更轻一些。撑竿跳运动员也会落到一个软泡沫垫子上。

跳高犯规规则

1. 使用双脚起跳；

2. 由于运动员的试跳动作致使横竿未能停留在横竿托上；

3. 在越过横竿之前，身体触及立柱前沿垂直面以外的地面或落地区。但如果裁判员认为运动员并没有受益，则不应由此而判定该次试跳失败；

4. 无故延误时限；

5. 当裁判员通知运动员试跳开始后，运动员才决定免跳，当时限已过时，应判该次试跳失败；

6. 试跳时，运动员有意用手或手指把即将从横竿托上掉下的横竿放回；

7. 无故错过该次试跳顺序。

项目简介

跳高要求运动员单足起跳，要跳过横竿且不能将其碰下支撑竿。撑竿跳也一样。每次比赛由主裁判设定起始高度，跳高横竿每轮至少升高 2 厘米，撑竿跳则是 5 厘米，直到剩下最后一个人。跳高运动员和撑竿跳运动员可以自己选择何时起跳或过竿。

他们假如三次试跳同一高度失败就会被淘汰。他们成功越过的最高高度就是他们的最终成绩。

平　局

在跳过某些高度时要注重策略。假如两个人成绩并列，打破平局的办法一般有两种：首先看谁通过同一高度使用的次数少；其次是看哪个人在全部比胜过程中失误得少。假如还是平局，比赛就产生并列冠军，除非没那么多金牌。

决胜局

决胜局比赛按以下规则举行。每个平局中的竞争者只许跳一次，从最低高度开始淘汰。假如所有运动员全过则上升高度，假如所有运动员都没过则下降高度，直到只剩一名运动员在淘汰中生存下来。

初　赛

跳高和撑竿跳比赛分两轮进行。初赛一般分两组，其目的是决出参加决赛的 12 名运动员。比赛之前有一个自动的资格测试，任何运动员只要达到这个标准将自动进入决赛。假如少于 12 人通过资格测试，未达标者中成绩最好的则进入决赛以填补人数的空缺。

测量尺度

在跳高和撑竿跳比赛中，所有的尺度都以厘米为单位，从地面量起到横竿最低部分的最高点处。

第二章

跳远运动的竞赛

1. 跳远运动概述

跳远的起源

跳远是最古老的竞技项目之一，在古希腊奥林匹克的"五项运动"中就有跳远。

据史料记载，首次正式的跳远比赛是在公元前708年举行的，距今已有2600多年的历史。当时跳远的设施非常简单，只是把地面的土质刨松，然后在前面放一条门槛代替起跳板。为避免落地时产生伤害事故，后来用沙坑代替了松土。

18世纪末，法国教育家古特木斯和雅安把跳远列为锻炼身体的重要项目之一，并在他们的著作里详细介绍了跳远运动的设备和训练方法，高度肯定了跳远在人体运动中的重要作用。

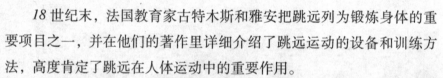

随着时间的推进，跳远运动的记录不断被打破。在近代田径比赛中，有记载的第一个男子跳远世界纪录是英国运动员麦切尔在1864年创造的，成绩为5.48米。比蒙在第19届奥运会获得跳远冠军，其8.90米世界纪录一直保持了20多年，才被美国选手鲍威尔以8.95米的新纪录打破。跳远最早为人类猎取或逃避野兽时跨越河沟等活动，后成为军事训练的手段。为公元前708年古代奥运会五项全能项目之一。现代跳远运动始于英国，1827年9月26日在英国圣罗兰. 博德尔俱乐部举行的第一次职业田径比赛中，威尔逊越过5.41米的远度，这是第一个有记载的世界跳远成绩。跳远的腾空动作有蹲距式、挺身式和走步式。20世纪70年代出现前空翻跳远，因危险性大，被国际田联禁用。最初运动员是在地面起跳，1886年开始采用起跳板。起跳板白色，埋入地下，与地面齐平，长 1.22 米，宽 20 厘米，距沙坑近端不少于 1 米。起跳板前有起跳线，起跳线前有用于判断运动员起跳是否犯规的橡皮泥显示板或沙台。运动员必须在起跳线后起跳。比赛时，如运动员不足 8 人，每人可试跳 6 次，超过 8 人，则先试跳 3 次，8 名成绩最好的运动员再试跳 3 次。以运动员 6 次试跳的最好成绩排列名次。男、女跳远分别于 1896 年和 1948 年被列为奥运会比赛项目。

助　　跑

跳远的助跑速度与跳远成绩密切相关。跳远助跑的任务就是获得最高的助跑速度，并为准确踏板和快而有力地起跳做好技术、身体和心理上的准备。

跑是跳的基础，跳是跑的发展与结果。跑不好，就跳不好。日常生活中经常可以见到这种现象，当欲跳越一定宽度的壕沟时，人总要加上几步助跑。当汽车穿越同样的坡度时，快速行驶的汽车总比慢速行驶的汽车冲得要远得多。这足以说明，快速助跑对提高跳远成绩的积极作用。

助跑的起动姿势

助跑的起动姿势直接影响助跑的稳定性与准确性。助跑的起动姿势有两种：一种是从静止状态开始，一般采用两腿微曲、两足左右平行站立的"半蹲式"，或两腿前后分立的"站立式"起动姿势。另一种是走几步或走跳步结合踩上第一个标志点，行进间开始的起动。第一种方法，前三步的步幅和速度变化较小，有利于提高助跑的准确性。第二种方法，助跑则比较自然，动作比较放松。但由于是动态，每次踩上标志的位置和速度不易控制，对准确踏板提出了更高的要求。

助跑的加速方式

助跑的加速方式有两种：一种是积极加速，一种是逐渐加速。积极加速方式是从助跑一开始就跑得很积极，步频始终保持在较高水平上，这种加速方式能较早地摆脱静止状态，并获得较高的助跑速度。其特点是助跑开始几步的步长较短，步频较快，上体前倾也较大，这种助跑方式适合于绝对速度较快的运动员。但因助跑动作紧张，起跳的准确性差，所以世界优秀运动员很少采用这种方法。逐渐加速方式一般是在加大步长或保持步长的基础上提高步频。这种加速时间较长，加速过程比较均匀平稳。因此，跑的动作比较轻松、自然。起跳的准确性较好，每次试跳成绩也较稳定。刘易斯、鲍威尔等优秀运动员大部采用这种方式

跳　跃

跳跃是跳远项目最关键的部分。

原地模仿起跳练习

两脚前后站立，摆动腿在前稍屈膝，起跳腿在后，身体重心落在前脚上。动作开始时，摆动腿蹬地，起跳腿积极的由后向前迈步，模仿向下放脚的踏板动作，全脚掌滚动着地，随即缓冲和蹬伸起跳，同时两臂要配合双腿的动作积极摆动。要和身体各部分配合协调，起跳腿蹬伸迅速，摆动腿向前上方摆动积极，身体重心迅速跟上。

缓跑起跳练习

在跑道上连续做缓跑三步或五步结合起跳的练习，用摆动腿落地。

学习起跳后腾空步动作的练习

在跑道上助跑四至六步，起跳后完成腾空步动作。下落时以摆动腿落进沙坑，接着向前跑出。

辅助练习

1. 在离起跳标志 *2* 米左右处设置一个高约 *60～80* 厘米的跳箱，

学生起跳后，摆动腿落在跳箱上。

2. 在沙坑边摆放一个低栏架（或拉一根高度约 30～50 厘米的横皮筋），短距离助跑后，起跳完成腾空步，摆动腿越过障碍物后下落沙坑并向前跑出。

3. 助跑起跳成腾空步，用头部触及前上方的悬挂物。

短、中程距离助跑起跳练习

短程距离约 8 步，中程距离约为 12 步。助跑距离的估量方法可以用走步数折算。如：8 步助跑跳远，助跑距离≈8（步）×2-2，量出后试跑 1～2 次，进行适当调整即可。此种练习，要求起跳快速，应有一定的腾起高度，尽量保持腾空步动作的时间。还应注意保持较固定的助跑起动方式，起跳时用力集中、协调。

全程助跑起跳练习

此种练习首先应根据每个学生的实际情况，确定自己全程助跑的距离。做法是：

学生在跑道上做 40～50 米的冲刺跑，测量出每个人发挥出最大速度的那一段距离，找出每次冲刺跑时起跳脚落地的足印，经若干次练习，即可大致确定符合自己实际的全程助跑距离，以此距离在跳远助跑道上进行助跑起跳练习，经适当调整后，全程助跑距离就可确定下来。用钢尺将此距离测量记录下来。以后便可按此距离进行全程助跑跳远。

全程助跑起跳练习，应注意助跑起动的方式和姿势要保持固定。助跑要快速、放松，跑直线、稳定而有节奏，起跳时要做到摆（摆臂和摆腿）、蹬（起跳腿蹬伸）、挺（挺胸）、拔（拔腰）、顶（顶头）诸方面协调一致，用力集中。

在体育教学训练中，立定跳远是测试下肢爆发力和全身协调能力的最简单有效的手段。在体育教学中，完整的立定跳远技术动作由预摆、起跳、腾空、落地四个部分组成。本人通过教学实践，不断改进训练方法，收到了良好的效果。现谈谈立定跳远的教学方法。

2. 挺身式跳远技术

在跳远技术的发展过程中，空中动作技术多年来没有大的变化，一直都是采用蹲踞式、挺身式、走步式三种空中身体姿势，学员可以从中选择任何姿势。

进行挺身式跳远的训练，重点应掌握助跑和起跳的结合技术，改进与提高完整动作和进一步发展跳跃能力。教学中使学生了解并掌握跳跃技术原理，培养探究学习能力，学会情绪的自我调控，培养学生勇敢、果断、积极进取、挑战自我的精神。

助跑与起跳的结合技术

助跑与起跳的结合是跳远技术的关键。跳远的助跑是起跳前使身体获得水平速度和准备起跳的跑步技术。要保证助跑与起跳结合技术的准确，应重视以下几方面的教学。

稳定而准确的助跑

稳定而准确的助跑有利于准确地踏上起跳板，从而获得较好的跳远距离。所谓准确踏板，指在 20 厘米宽的起跳板上，能踏上 10 ~ 15 厘米。若要准确踩着起跳板起跳，难度相当大。为了做到稳定而准确的助跑，技术上应包括以下几点。

1. 固定助跑的开始姿势。在开始助跑的标志点起动，并固定迈出第一步（左腿或右腿），助跑开始的二或三步助跑的距离相对稳定。起跑采用从静止状态站立式起动或用行进中起动的方式。

2. 稳定的助跑节奏。助跑的步数和距离要稳定，步长和步频的变

化相对稳定,在反复练习中形成动力定型。

3. 培养调整能力。判断助跑的准确程度并具有应变的能力,及时找出助跑不准的原因,迅速达到调整的目的。

4. 设置助跑标志。设置助跑标志是为了助跑的准确性。一般用一个标志或两个标志,也有用三个标志的。一个标志是开始助跑的标记。两个标志是开始助跑标志和检查步点标志,检查标志设在助跑的倒数第四步或第六步的步点位置。一般说检查标志是为教练员判断运动员助跑的准确程度设置的,目的是判断是否需要调整助跑和告诉运动员做何调整。三个标志是开始标志,第一检查标志(通常设在助跑开始后的第三步),第二检查标志(通常设在助跑倒数第六步)。设置助跑标志过多会分散注意力,影响助跑速度的发挥。

5. 良好的心理状态。良好的心理状态使情绪稳定,反映在技术上能正常发挥或超水平发挥,能充分调动体能和发挥潜力,取得优秀的成绩。

发挥助跑的速度

跳远助跑中发挥速度的趋势是跑速逐渐增加,在助跑达到最高速度时进入起跳。

1. 跳远助跑的速度是一种可控制速度,即为了起跳所能达到的最快速度,它不是短距离赛跑所发挥到极致的速度,也不能因为要得到最高速度而使全身肌肉过分紧张,从而破坏跳远所需要的那种跑得放松、身体重心较高、节奏明显、步幅均匀、富有弹性的助跑技术特点。

2. 助跑采用逐渐加速或积极加速的两种发挥速度的方式。

3. 良好的助跑节奏。跳远助跑的特殊节奏表现在助跑阶段的最后,其特点是重心有所下降,直至上板起跳,在身体重心上升过程中快速起跳。最后几步的助跑步频明显加快,尤其是倒数第三步和最后一步更为突出,步长比正常步略微缩短。

衔接熟练的起跳技术

起跳的目的是为了在尽量减少水平速度损耗的前提下获得必要的垂直速度。

1. 助跑到达起跳板准备上板起跳时的正确的身体姿势。此时最需注意的技术是脚着板的方式、着地的位置、臂和两腿动作的配合。

2. 在极短的时间里完成起跳，即肌肉完成退让～克制性工作。在缓冲时，膝关节适当弯曲，起跳动作在最短的时间内完成。

平稳的挺身式空中姿势

跳远起跳后，依靠身体上下肢转动惯量的差距，抑制起跳时产生的前旋。挺身式姿势在腾空步后，放下摆动腿，抬头挺胸，上体稍后仰，展髋挺身，动作幅度大、空中身体姿势较平稳，为落地做好准备。

正确的落地动作

落地前做好准备，并利用身体的前旋完成前倒、侧倒或滑坐等落地方法。

助　跑

一般采用 *12～16* 步助跑，原地站立或行进中起动开始助跑，逐渐加速，助跑途中上体逐渐抬起，后蹬充分，前摆积极，重心较高、身体平稳、节奏清楚，最后四步助跑节奏加快准备起跳。

起　跳

1. 上板快。助跑最后一步起跳腿几乎伸直，快速用全脚掌滚动着板，上体正直，目视前方，起跳腿与起跳板（或地面）成 *65～70* 度角。脚着地点约在身体重心投影点前 *30* 厘米。

2. 摆臂摆腿快。双臂向前上方摆，摆动腿离地后快速折叠前摆，两者协调配合。

3. 蹬伸起跳快。起跳腿屈膝缓冲时身体重心前移，随即快速蹬伸髋、膝、踝关节，抬头并伸展上体，蹬地角度约为 *70～80* 度。在摆动腿大腿摆至接近于水平面位置时与两臂同时制动。

腾 空

1. 起跳腾空后放下摆动腿，膝关节放松，大小腿向后摆。

2. 展髋挺胸，两腿放松，自然伸展并靠拢。

3. 两臂配合摆动腿大腿的放下动作，由侧向上绕举，成上斜举，展胸并上体稍后仰，成空中挺身姿势，维持身体平衡。

4. 落地前，两臂由上向前下摆，同时收腹屈髋，大腿上举。

落 地

1. 向前伸举小腿，低头，上体前倾同时两臂向体侧后摆。

2. 落地时两脚并拢，脚跟触沙后脚掌下压，同时屈髋、屈膝、两臂向前回摆，帮助身体重心快速前移，用前倒或侧倒的方法落地。

易犯错误与指导纠正方法

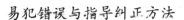

助 跑

1. 不能发挥正常跑速；

2. 最后助跑身体前倾过大；

3. 步点不准，步长不均。

指导纠正方法

1. 反复跑 *30～40* 米，按助跑节奏跑，体会跑的速度感觉；

2. 按标志练习助跑，在教师指导下调整助跑距离。

起 跳

1. 踏板不准；

2. 助跑起跳不连贯；

3. 蹬伸不充分；

4. 上下肢动作不协调。

指导纠正方法

1. 调整助跑距离，改进起跳腿上板技术，多做助跑 *3 ～ 4* 步的起跳练习；

2. 发展弹跳力；

3. 反复模仿起跳的练习，做到熟练，准确。

腾 空

1. 摆动腿放不下来；

2. 展体不充分；

3. 上、下肢动作配合不好。

指导纠正方法

1. 利用单杠等器材，悬垂并模仿摆动腿动作；

2. 发展腰背肌力量，如"两头翘"等；

3. 助跑 *4 ～ 6* 步后从助跳板上起跳，体会挺身式动作。

落 地

1. 身体向前栽或向后坐；

2. 落地时两脚前后距离大；

3. 摆臂配合不好。

指导纠正方法

1. 练习中，控制落地时的小腿动作，直膝伸小腿落沙坑或脚伸向沙坑中的标志物；

2. 维持落地前身体姿势的平稳，两腿并拢，前伸落沙坑屈膝缓冲。

跳远起步点的确定方法

要想跳出好成绩，踏准步点是一个关键。以下几种方法，可以提高步点的准确率。

1. 走步法 在通常的情况下，采用自己的便步走，助跑步数乘2减2等于走步数，如助跑8步（$8 \times 2 - 2 = 14$步）。若助跑步数超过10步时，则每多助跑一步增加走两步的距离，如助跑12步，即是（$10 \times 2 - 2$）$+ 2 \times 2 = 22$步。经过反复助跑进行调整，最后确定下来。

2. 测量法 先把自己要跑的步数告诉同伴，然后从起跑点向起跳区加速助跑；数步的同学站在起跳区附近一侧，当看清最后一步的准确落脚处，立即做出标记，最后将步数乘以2即是他的实际准确落脚处。经过几次练习调整好步点，确定起跳线。

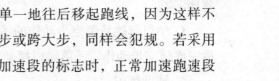

3. 区域法 在助跑道上划好三个区域，第一个区域段为预跑段，第二个区域为加速段，第三个区域为最后四步段。预跑段的步幅可做高速区域，加速段和最后四步不能随意调整。

4. 缩减法 踏跳不准时，不要单一地往后移起跑线，因为这样不能避免踏过起跳线，所以最后踏小步或跨大步，同样会犯规。若采用缩短自己预跑段的步幅，即当踏上加速段的标志时，正常加速跑速段和最后四步段，效果要好得多。

5. 固定法 在助跑距离确定后，练习时要做到起跑姿势固定，起跑第一步迈出的腿固定，助跑的距离固定，加速的节奏固定。这样可提高助跑步的准确性。

6. 移动法 在距离踏跳区前沿15至20米处划一条基准线。学生第一次试跳必须从基准线开始助跑，老师或同学在踏跳区外观察试跳者踏跳脚的落点，看是否能踏准，若超过踏跳区，就指导试跳者用自己的脚量出超过的脚数，然后从基准线处向后移动相应的脚数。相反，

57

未踏到的话，就将起跑线往前移。

7. 九七法　所谓九七法，就是走九步跑七步的丈量法。从踏跳区前沿开始，向助跑的相反方向走九步（正常行走），接着再跑七步（加速跑），其最后一步的落点，就是助跑的起点。

跳远的训练技术

要成为跳远高手，应学习和掌握跳远相关的技术和动作技术要领。

学习和掌握助跑与起跳相结合的技术

1. 原地模仿起跳练习。两脚前后站立，摆动腿在前稍屈膝，起跳腿在后，身体重心落在前脚上。动作开始时，摆动腿蹬地，起跳腿积极的由后向前迈步，模仿向下放脚的踏板动作，全脚掌滚动着地，随即缓冲和蹬伸起跳，同时两臂要配合双腿的动作积极摆动。要和身体各部分配合协调，起跳腿蹬伸迅速，摆动腿向前上方摆动积极，身体重心迅速跟上。

2. 在跑道上连续做缓跑三步或五步结合起跳的练习，用摆动腿落地。

3. 学习起跳后腾空步动作的练习。在跑道上助跑四至六步，起跳后完成腾空步动作。下落时以摆动腿落进沙坑，接着向前跑出。

4. 辅助练习。

（1）在离起跳标志 2 米左右处设置一个高约 60 ~ 80 厘米的跳箱，学生起跳后，摆动腿落在跳箱上。

（2）在沙坑边摆放一个低栏架（或拉一根高度约 30 ~ 50 厘米的横皮筋），短距离助跑后，起跳完成腾空步，摆动腿越过障碍物后下落沙坑并向前跑出。

（3）助跑起跳成腾空步，用头部触及前上方的悬挂物。

5. 短、中程距离助跑起跳练习。短程距离约 8 步，中程距离约为 12 步。助跑距离的估量方法可以用走步数折算。如：8 步助跑跳远，助跑距离 ≈ 8（步）×2－2，量出后试跑 1～2 次，进行适当调整即可。此种练习，要求起跳快速，应有一定的腾起高度，尽量保持腾空步动作的时间。还应注意保持较固定的助跑起动方式，起跳时用力集中、协调。

6. 全程助跑起跳练习。此种练习首先应根据每个学生的实际情况，确定自己全程助跑的距离。做法是：

学生在跑道上做 40～50 米的冲刺跑，测量出每个人发挥出最大速度的那一段距离，找出每次冲刺跑时起跳脚落地的足印，经若干次练习，即可大致确定符合自己实际的全程助跑距离，以此距离在跳远助跑道上进行助跑起跳练习，经适当调整后，全程助跑距离就可确定下来。用钢尺将此距离测量记录下来。以后便可按此距离进行全程助跑跳远。

全程助跑起跳练习，应注意助跑起动的方式和姿势要保持固定。助跑要快速、放松，跑直线、稳定而有节奏，起跳时要做到摆（摆臂和摆腿）、蹬（起跳腿蹬伸）、挺（挺胸）、拔（拔腰）、顶（顶头）诸方面协调一致，用力集中。

3. 蹲踞式跳远技术

概　述

蹲距式跳远是跳远技术中比较容易掌握的一种

其技术要领是人体单脚起跳腾空后，上体保持正直、摆动腿的大

59

腿部分继续向上摆动，留在体后的起跳腿开始屈膝前摆，这样，逐步靠拢摆动腿，逐渐在空中形成蹲踞式，落地前小腿自然前伸落地。1935 年，美国选手欧文斯凭借完美的助跑和起跳，以简单的蹲踞式跳出了 8.13 米的世界记录，此后，这一记录保持了 25 年之久。

练习方法

1. 原地纵跳屈膝团身，两手触脚，大腿尽量靠近胸部，落下时用前脚掌着地。

2. 短距离助跑起跳成腾空步后，起跳腿向摆动腿靠拢，双腿越过一定的高度（横拉的皮筋或栏架）然后落入沙坑。

3. 在低跳箱上向沙坑内做立定跳远，落地时小腿积极前伸，脚跟触沙后迅速屈膝，脚掌下压，双臂配合积极前摆。

4. 利用弹簧板，做短程助跑起跳，成腾空步后，起跳腿与摆动腿并拢完成空中蹲踞姿势，然后做伸腿落地动作。

5. 进行中程和全程助跑蹲踞式跳远练习，体会完整的技术动作。

技术动作

蹲踞式跳远技术动作概括分为助跑、起跳、腾空、落地。
助跑：自然放松，逐渐加速，最后几步加快步频，步点准确。
起跳：起跳脚踏上起跳标志后，蹬伸用力起跳快，摆臂摆腿配合快。
腾空：腾空步后，起跳腿向前上方提举，身体呈团身蹲踞姿势。
落地：两腿前伸落沙坑，屈膝缓冲安全着地。

蹲踞式跳远的训练

蹲踞式跳远的步骤有助跑、踏跳、腾空和落地组成。

动作要领

（1）助跑自然放松，逐渐加速，在快速助跑下完成踏跳动作。

（2）踏跳时，身体重心要迅速跟上，踏跳腿积极攻板，迅速有力踏跳。用踏跳腿的前脚掌着板，髋关节前送，摆动腿以髋带动，积极向前上方摆起，直至达到水平位置，迅速折叠前摆带髋，身体重心移至踏跳腿的支撑点的垂直部位时，踏跳腿迅速蹬直，同时，两臂快速摆动，提肩拔腰，使身体腾起，踏跳腿髋、膝、踝三关节充分蹬伸，起跳腾空后，摆动腿屈膝前摆，大腿高抬保持水平姿势，起跳腿自然放松地留在后面，成腾空步。

（3）腾空时，以髋关节带动起跳腿，向前上方摆动，直至与摆动腿水平位置。

（4）落地时，右腿努力前伸，落地时注意要轻巧，要有缓冲。

水平方向的 6 至 10 步助跑，一脚踏在 50 至 60 厘米宽的踏跳区踏跳，双脚落入沙坑也许就是蹲踞式跳远的起始动作。动作要领：面对沙坑自然站立，助跑 6 至 10 步，一脚蹬地踏跳，另一腿屈膝向前摆动，身体腾起后，两腿屈膝向前上方提起，双脚落入沙坑，屈膝缓冲。

训练方法

不断提高助跑与踏跳紧密衔接、一脚用力踏跳、双脚轻巧落地的能力。培养练习的果断性。

1. 使训练者要初步了解急行跳远完整动作过程。

2. 先从一脚踏跳、两腿蹲屈、轻巧落地抓起，强化训练者单跳双落的意识。

3. 助跑 3 至 4 步，一脚用力蹬地踏跳，用摆动腿落在纵放的跳箱上。要求踏跳腿充分蹬直，摆动腿屈膝向前上方摆起，上体保持正直。

4. 站立在刚刚跳上去的跳箱上迈一步，一脚蹬跳从跳箱上跳起，摆动腿向前上方摆起后，两腿屈膝，轻巧落地，要求两腿在落地时前伸并下蹲。

在练习过程中，不用强调固定踏跳脚，应让训练者两脚都尝试一下进行踏跳练习，其一是使训练者的下肢得到匀称的发展；其二是让训练者自己来感觉哪个脚来踏跳才是最适合自己的。

4. 走步式跳远技术

走步式跳远概述

走步式跳远是急行跳远的一种腾空技术。

在走步式中，起跳后两腿在两臂的配合下，在腾空时采用 2 步半和 3 步半两种动作技术。要求在空中做大幅度的前后绕环摆动迈步换腿动作来维持身体的平衡，并与两臂协调配合。落地前，收腹举小腿前伸，上体前倾，两臂同时向下后方摆动。

腾空与落地技术的练习

1. 将身体支撑在双杠上或悬挂在高单杠上，模仿走步式跳远空中交换腿的动作。

2. 坐在鞍马或窄木上，模仿双臂的环绕摆动和下肢配合的动作。

3. 在走步中模仿空中的走步动作以及上下肢的配合动作。

4. 短程助跑起跳成腾空步后，放下并伸直摆动腿，落入沙坑后跑出。

5. 开始同练习"4"，起跳腿在摆动腿放下后摆的同时，在髋下折叠屈膝前摆，换步后起跳腿落入沙滩，然后跑出。

6. 借助弹簧板重复"4"、"5"的练习。

7. 在高处起跳，获得较长的滞空时间，体会空中换步的动作，在完成换步后，身后的摆动腿快速前摆，在身体前方与起跳腿并拢，用双腿落入沙坑。

8. 做短程和中程助跑走步式跳远练习，换步时以大腿带动小腿及髋部摆动，两臂配合腿的动作做环绕摆动，注意身体运行要平稳。

9. 全程助跑走步式跳远，体会完整的技术动作。

走步式跳远技术的训练

走步式跳远技术是当今世界最为先进的跳远技术，现今绝大多数世界一流跳远运动员均采用"走步式"跳远技术。"走步式"跳远动作看似复杂，实际上运动员空中走步动作只是助跑的继续，是在空中继续跑两步半或三步半。青少年是基本技术训练的关键时期。而跳远是一个对技术要求很高的项目，如果运动员只有良好的身体素质，而不具备一定的专项技术，是不可能达到较高的水平的。

学习步骤

学习走步式跳远技术，首先要通过模仿练习体会两腿剪绞的感觉，最好是在臂的动作和腿的动作掌握之后，逐渐向实际的起跳空中动作过渡。臂和腿的协调配合，可通过在走动中的模仿练习来掌握。

1. 连续原地跳起弓步姿势落下。预备姿势由弓步开始，连续原地用力向上纵跳，空中两腿做剪绞动作，落地时成弓步姿势。要求空中剪绞的幅度要大，两臂直臂向前向后绕摆，起跳腿和摆动腿分别在前面落地成弓步姿势。

2. 原地两臂"绕摆"与摆动腿向前、向后摆动练习。原地做走步式跳远空中摆臂与摆动腿的向后和向前的摆动配合练习，以掌握和强化空中走步时臂腿协调配合的技术。要求原地模仿起跳成腾空步姿势，用起跳腿的脚前掌支撑后，两臂与摆动腿同时开始摆动；摆动腿大腿积极下压，膝、小腿放松顺惯性向前下后摆。后摆结束时，脚跟与小腿迅速向大腿靠拢，跟随大腿积极前摆高抬，并迅速向前方踢伸。上体要保持正直，摆动腿后摆积极用力，前摆高抬、快速。两臂和摆动腿的速度要协调一致。

3. 4~6 步助跑后成腾空步落入沙坑，4~6 步助跑起跳成腾空步姿势，保持腾空步姿势落入沙坑。练习时要强调上体保持正直。

4. 练习同"3"。起跳腾空后摆动腿积极下放落入沙坑，起跳腿顺势向前跑出，并注意体会"走步式"第一步的技术要求。

5. 起跳后空中换步越过橡皮筋后落入沙坑

4~6 步助跑起跳腾空，越过距起跳点约 2~2.5m，高约 30~50cm 的橡皮筋后，摆动腿积极下放后摆，起跳腿迅速折叠前摆高抬，两臂上摆，最后成摆动腿屈膝在后，起跳腿在前的跨步姿势落入沙坑。注意上体保持正直。

6. 练习同"5"。

换腿后，起跳腿积极下放落地，摆动腿顺势迅速向前跑出。

7. 短助跑越过橡皮筋跳远起跳成腾空步后，起跳腿前收与摆动腿靠拢，收腹举腿越过距起跳点约 3~3.5m，高约 30~50cm 的橡皮筋，体会落地技术。

8. 从高处起跳走步式跳远。

6~8 步助跑，最后两步分别踏上高约 30cm 和 50cm 的跳箱盖起跳，积极向前上方腾起成腾空步后，在空中完成"两步半"或"三步半"走步式跳远技术。要求摆动腿前后大幅度摆动，上体在空中保持正直，两臂与两腿协调配合，完成"走步"摆动动作后，双脚落入沙坑。随着动作的熟练，可逐渐加快跑速，降低起跳点的高度，逐步加大腿的摆动幅度。

9. 完整走步式跳远技术练习。通过前面的练习，运动员已能基本掌握走步式跳远技术的空中动作。但还要与助跑起跳相配合，才算完整的走步式跳远技术。可先采用8～10步的助跑方式进行走步式跳远练习，当能比较熟练的完成走步式跳远技术后，就可以过渡到全程助跑走步式跳远技术的练习了。

几种有效的辅助练习

1. 仰卧车轮跑，帮助学生体会两腿剪绞技术。

2. 悬垂或支撑走步式摆腿动作练习，学习空中的腿部动作。

3. 行进间模仿走步式动作，强化两臂与两腿摆动动作的协调配合。以左腿起跳为例，在起跳后抬右腿的同时，右臂由前上向下后摆动，左臂由后下方向前上摆动。

4. 短助跑起跳摸高，强化跳远起跳后快速下放摆动腿。

5. 立定跳远技术

在体育教学训练中，立定跳远是测试下肢爆发力和全身协调能力的最简单有效的手段。在体育教学中，完整的立定跳远技术动作由预摆、起跳、腾空、落地四个部分组成。

掌握立定跳远的动作技术要领

预 摆

两脚左右开立，与肩同宽，两臂前后摆动，前摆时，两腿伸直，后摆时，屈膝降低重心，上体稍前倾，手尽量往后摆。要点：上下肢动作协调配合，摆动时一伸二屈降重心，上体稍前倾。

起跳腾空

两脚快速用力蹬地，同时两臂稍曲由后往前上方摆动，向前上方跳起腾空，并充分展体。要点：蹬地快速有力，腿蹬和手摆要协调，空中展体要充分，强调离地前的前脚掌瞬间蹬地动作。

落地缓冲

收腹举腿，小腿往前伸，同时双臂用力往后摆动，并屈膝落地缓冲。要点：小腿前伸的时机把握好，曲腿前伸臂后摆，落地后往前不往后。

立定跳远的辅助练习

挺身跳

原地屈膝开始跳，空中做直腿挺身动作，髋关节完全打开，做出背弓动作，落地时屈膝缓冲。

单足跳前进练习

一般采用左（右）去右（左）来的方法进行练习，距离控制在25~30米左右，完成3~4组。

收腹跳练习

从原地直立开始起跳，空中做屈腿抱膝动作或双手在腿前击掌，落地时一定要屈膝缓冲。

越过一定高度兼远度或一定远度兼高度。

错误动作的纠正

预摆不协调

解决办法：反复做前摆直腿后摆屈膝的动作，由慢到快。

鞠躬动作

上体前倾过多，膝关节不屈，重心降不下去，形成鞠躬动作。

解决办法：做屈膝动作，眼睛往下看，垂直视线不超过脚尖，熟练后就可不用眼睛看了。

腾空过高或过低

解决办法：利用一定高度或一定远度的标志线来纠正这类错误效果很好。

收腿过慢或不充分

解决办法：反复做收腹跳的练习，注意，是大腿往胸部靠而不是小腿往臀部靠，击掌动作要及时。

落地不稳

落地不稳，双腿落地区域有较大的差异。解决办法：多做近距离的起跳落地动作，手臂的摆动要协调配合。地面设置标志物，双脚主动有意识地踩踏标志物。

6. 三级跳远技术

三级跳是由两部分组成，即一段长距离的助跑和尽可能远得向着陆区域的跳跃。在三级跳中运动员从起跳线起要三步入坑，就像它的名字一样。这意味着他们必须首先踏下最终将起跳的脚，而后大跨步换脚，最后跃入坑内。在这项运动中，只有运动员最好的那次成绩被记录下来。三轮过后，前8名进入最终三轮的角逐。接着他们按前三轮排名的相反顺序出场比赛。

三级跳起源

三级跳远起源于18世纪中叶的苏格兰和爱尔兰，两者跳法不同。苏格兰采用单足跳、跨步跳、跳跃，而爱尔兰用的是单足跳、单足跳、跳跃。现规定必须使用苏格兰跳法。最早的正式比赛可以追溯到1826年3月17日首次举行的苏格兰地区运动会，比蒂（AndreBeattie）创造了12.95米的第一个纪录。比赛时，运动员助跑后应连续作3次不同形式的跳跃，第一跳为单足跳，用起跳腿落地；第二跳为跨步跳，用摆动腿落地；第三跳为跳跃，必须用双脚落入沙坑。男子三级跳远于1896年被列为首届奥运会比赛项目，女子三级跳远于20世纪80年代初逐渐广泛开展，1992年被列为奥运会比赛项目。

三级跳远是由单脚跳、跨步跳和跳跃组成的，从事三级跳远的练习，具有和跳远同样的锻炼价值。

三级跳发展

三级跳远是田径运动中发展较晚的一个项目。1896年第一届奥运会上，三级跳远被列为正式的比赛项目，当时的最高成绩是13.71米。

最初的三级跳远技术是比较低级的，人们对于这项运动的技术特点，认识比较肤浅，第二跳的跨步跳，仅仅是作为第一跳和第三跳的过渡。1936年日本运动员第一个跳了16米，其技术特点是第一跳跳得高而远，起跳有力，动作灵巧，但第二跳起跳迟缓，远度较短，三跳的节奏不均匀。以后各国运动员曾努力使三级跳远发展到三跳紧密衔接，没有停顿的技术阶段，巴西的一名运动员在1955年跳出了16.56米的新水平。50年代中期，苏联运动员改进了"单脚跳"的技术，其特点是腾空抛物线高，交换腿的时间晚，用高摆腿的落地方式，使成绩又有新的提高。*60* 年代初，波兰运动员跳过了 *17* 米，其技术特点是助跳速度快，腾空抛物线低，身体的向前性好，第三跳跳得远。人们在不断的运动实践中加深了对三级跳的认识。

三级跳远是在助跑以后沿直线连续进行三次跳跃的一项运动。由于这项运动使下肢的负担很大，所以对身体素质的要求比其他项目要高一些。它要求运动员有快速的助跑速度和良好的弹跳力，以及强大的腿部力量。

三级跳远的规定形式

单脚跳，起跳腿落地后再起跳的跨步跳，摆动腿落地起跳的跳跃，用双脚落于沙坑。

三级跳远的成绩也是取决于助跑时所获得的水平速度和起跳产生的垂直速度，同时还与每一个动作完成的质量、维持身体平衡的能力和三跳的比例有关。由于从助跑中获得的水平速度在三跳的过程中不断降低，所以如何减少水平速度的损失而又获得合理的垂直速度，是三级跳远技术中要解决的主要问题。

三级跳远专门力量训练方法

近 *20* 年来，三级跳远技术水平有了较大的发展，世界纪录多次被打破。我们注意到三级跳远技术已由过去的高跳型、平跳型向速度型方向发展。在 *1995* 年第五届世界锦标赛上，英国运动员爱得华兹以 *18.29* 米的优异成绩打破了世界纪录，使这种速度型技术达到了几乎完美无缺的程度。爱得华兹这惊人的一跳，不仅标志着三级跳远成绩达到了一个前所未有的水平，而且还向人们展示出三级跳远技术也达到了一个崭新的阶段。毫无疑问，速度型技术是当今世界三级跳远技术发展的必然趋势。

因此，我们可以这样认为，三级跳远项目实质上是一个速度性的项目。既然如此，那么速度在三级跳远的训练中应该占有重要的地位，速度应该贯串于三级跳远训练的各个方面。而过去我们在三级跳远的力量训练中往往对速度问题考虑得很少。既然三级跳远的技术已出现向速度型方向发展的趋势，毫无疑问，三级跳远项目所需要的是速度性力量。今后在三级跳远的力量训练中就应该重点发展运动员的速度性力量。过去许多传统的力量练习方法显然已经不能适应现代三级跳远技术的需要。针对这一情况，我们选择了一些发展三级跳远运动员速度性力量的方法和手段，其中包括快速力量练习手段和快速跳跃练习方法，仅供大家参考。

快速力量练习手段

所谓速度性力量，我们通常也称之为爆发力量。顾名思义是由力量与速度组成。因此，三级跳远运动员在进行力量练习时一定要有速度要求。过去我们在力量练习时，往往只要求运动员负荷的重量，而忽视了对速度的要求。为了适应三级跳远技术已向速度型发展的这一趋势，我们应该选择那些快速的练习手段和方法，来发展三级跳远运动员的速度性力量。如：快速抓举、后抛铅球、前抛铅球、杠铃快挺、壶铃蹲跳、杠铃蹲跳、杠铃弓步跳、负重沙背心单脚跳栏架、负重沙背心双脚跳栏架、负重沙背心跳跳箱、负重沙背心跳深、负重沙背心跨步跳、负重沙背心单足跳、负重沙背心双脚跳台阶、负重沙背心单脚跳台、负重沙背心在沙坑中做各种跳跃练习。

三级跳远运动员在进行快速力量练习时，应该注意以下几个方面的问题：

1. 所有的下肢负重练习都要求运动员能够跳起来，以便更接近跳跃练习。

2. 在进行力量练习时一定强调动作的幅度和动作速度。

3. 运动员在做负重的各种跳跃练习时，要穿有弹性的运动鞋，以起到缓冲、保护腰、膝、踝关节的作用。

快速跳跃练习方法

为了适应三级跳远技术向速度型发展的趋势，我们应该选择一些带助跑的快速跳跃练习或计时跳跃练习取代传统的一些跳跃练习。这些练习最好是由接近专项的带助跑的单腿跳跃练习所组成，运动员在做这些练习时应有速度要求。如：助跑五级跨步跳、助跑五级单足跳、助跑十级跨步跳、助跑十级单足跳、50～60米计时跨步跳、50～60米计时单足跳、50～60米计时两单一跨。

在发展运动员的快速跳跃能力时，应该注意以下几个方面的问题：

1. 在进行快速跳跃练习时，一般采用5～6步助跑，随着运动员训练水平的逐渐提高，可适当增加助跑的步数以及助跑的速度。

2. 在训练的开始阶段应该在松软的地面，比如锯沫跑道或草坪等地进行各种跳跃练习，有条件的地方最好在沙滩上进行练习。经过一段时间的适应性训练之后，再到跑道上进行练习。

3. 按照循序渐进的原则，在进行各种跳跃练习时，都要先强调练习的数量，也就是练习的重复次数，然后再要求练习的强度。

4. 在进行任何一种跳跃练习时，都要先要求动作的幅度，当运动员能够大幅度地正确完成动作时，就要相应地要求动作速度。

三级跳远运动员的弱腿训练

进行弱腿训练的方法

我们在训练过程中应该先安排一定的弱腿跳跃练习，然后再进行跳远练习。只有弱腿的跳跃能力提高了，才有助于其跳远能力的提高。

1. 6 步助跑跳上海绵垫。

学生采用 6 步助跑弱腿起跳，用单足跳的方式或跳远的方式跳上海绵垫。如果用单足跳的方式是单足落在海绵垫上，而用跳远的方式是双脚落在海绵垫上。这种练习既安全又可调动学生的学习兴趣。

2. 6 步助跑单足三级跳远。

学生 6 步助跑采用弱腿进行单足三级跳远，然后双脚落入沙坑中。在这里要注意的是，在每一跳的着地过程中要用全脚掌着地。

3. 6 步助跑跳栏架。

学生 6 步助跑用弱腿连续跳过栏架，栏架的高度和栏架之间的距离要根据学生的素质水平而定。

4. 6 ~ 8 步助跑跳皮筋。

学生 6 ~ 8 步助跑用弱腿连续跳过皮筋，这种练习比较安全，可以适当加高皮筋的高度来增加练习的难度，以达到提高练习效果的目的。

5. 6 ~ 8 步助跑摸高。

学生 6 ~ 8 步助跑弱腿起跳，用起跳腿异侧臂单手摸高。

6. 6 ~ 8 步助跑弱腿跳远。

学生采用 6 ~ 8 步助跑弱腿进行跳远，与一般的跳远没有什么差别。但应该要求学生注意空中技术动作及落地技术动作。

7. 10 ~ 12 步助跑弱腿跳远。

8. 14 ~ 16 步助跑弱腿跳远。

进行弱腿训练时应注意以下问题：

1. 三级跳远技术在第三跳时仍具有较高的速度，根据这一情况，我们应该在快速助跑的情况下进行弱腿跳跃练习和跳远练习，以适应专项的需要。

2. 跳跃练习是跳远练习的基础，因此，我们应该在开始阶段先进行跳跃练习，当运动员有了一定的基础之后，再进行跳远练习。

3. 一般来说，运动员用于第三跳的弱腿相对比较薄弱，在练习时要注意循序渐进，避免急于求成，造成局部负担过重，造成伤害事故。

4. 在进行弱腿跳跃练习和跳远练习时，一定要注意强调两臂和摆动腿的大幅度摆动动作。因为在第三跳时运动员两臂和摆动腿的摆动动作是非常重要的。

项目简介和规则

三级跳是由两部分组成即一段长距离的助跑和尽可能远得向着陆区域的跳跃。在三级跳中运动员从起跳线起要三步入坑，就像它的名字一样。这意味着他们必须首先踏下最终将起跳的脚，而后大跨步换脚，最后跃入坑内。在这项运动中，只有运动员最好的那次成绩被记录下来。三轮过后，前8名进入最终三轮的角逐。接着他们按前三轮排名的相反顺序出场比赛。

平 局

任何平局都由比较次好成绩决出胜负。如果还不能解决问题，就比较第三好的成绩，以此类推。如果还是平局，就是并列冠军，除非金牌不够发。如果不能并列，那么运动员就继续比赛直到分出胜负。

测量尺度

跳远距离的测量是从起跳线远端量起到跳远运动员在沙坑中留下的最近痕迹为止。如果出现非整数的情况，则长度数值应四舍五入到最接近的厘米数。

犯 规

如果运动员踏过了跑道尽头的起跳线，或者碰到了沙坑最近标记后面的坑外场地就构成了犯规。后一种情况常常发生在运动员想伸出手支撑身体以维持平衡的时候。

风速助力

三级跳的成绩在顺风风速超过 7.2 公里/秒的时候，不能承认为新的世界纪录。

其他的规则

如果运动员在跳跃时遇到障碍，裁判员可以判妨碍并给与第二次试跳机会。运动员在比赛期间可以离开赛区，但必须经过裁判的批准并由裁判陪同离开。比赛进行过程中运动员不能接受帮助。除非是经过指定的医务人员进行身体检查或者与不在比赛区里的个人进行交谈或其他通讯联络。裁判可以因运动员超过比赛时间限制而不按规定跳跃判罚试跳无效。如果在时间用尽前已经起跑则成绩算数。

竞赛场地

三级跳的助跑至少 40 米长。犯规线是 20 厘米宽的起跳板的远端线，跳远运动员落到长方形的柔软、潮湿的沙坑里。在三级跳比赛中，男子比赛的沙坑离起跳板 13 米远，女子比赛是 11 米远。起跳板远端有一道粘土制作的犯规线以辨别运动员是否在起跳时犯规。

三级跳远的技巧

三级跳远的成绩也是取决于助跑时所获得的水平速度和起跳产生的垂直速度，同时还与每一个动作完成的质量，维持身体平衡的能力和三跳的比例有关。由于从助跑中获得的水平速度在三跳的过程中不断降低，所以如何减少水平速度的损失而又获得合理的垂直速度，是三级跳远技术中要解决的主要问题。

一般地说，三级跳远的腾起角为：单脚跳时十六到十八度，跨步跳时十二到十五度，跳跃时十六到二十度。三跳的长度比例是单脚跳最长，跨步跳最短，跳跃次长。

立定三级跳练习方法

1. 单脚跳。采用记时或计步的方法，练习中强调快、高、远。

2. 蛙跳。在平地或坡地进行，练习时强调动作的连贯性。

3. 收腹跳。在沙坑内练习，跳时大腿尽量贴近胸部。

4. 跳深练习。立于高50厘米左右的台阶处，单脚蹬上，轮换腿跳，130次/分钟。要求动作协调，蹬地有力，尽量想上跳。

5. 多级跨步跳。练习时要求手与脚协调。

6. 规定远度练习。在练习时，根据学生的实际情况标识每一跳的标志线，要求每次练习都尽力达到。

7. 规定高度练习。为了使学生在练习时最后一跳有高度，在沙坑上方设置一条限低绳，高度约40厘米左右，要求学生每一次练习都必须越过绳子。

影响三级跳第二步效果的因素

立定三级跳远要求训练者不但要有良好的专项技术，而且还要有弹跳力、平衡能力、协调性和节奏感。在整个立定三级跳远技术当中，第一跳与第二跳结合技术最为关键。通过多年来的教学训练和高考研究发现，在立定三级跳远技术中，学生最难掌握的就是第二步技术，往往是被动地迈出第二步或是把第二步作为三跳中的过渡步，使第二步的距离没有达到应有的比例，致使成绩不够理想。那么，影响三级跳远第二步效果的原因是什么呢？从立定三级跳远的技术特点来看，有以下几个因素：

第一跳过高、过远

大家知道，在完成整个立定三级跳过程中所需的水平速度是建立在第一跳的基础上。这就要求第一跳的高度要合理，向前性要好。如果第一跳过高势必造成落地时支撑腿负担过重；如果第一跳过远会造成落地时支撑腿前迈；这些都会加大水平速度的损失，影响第二跳的水平速度。破坏整个三级跳的节奏，从而影响立定三级跳远的成绩。

节奏感不强

立定三级跳远时无论是弹跳型、平跳型和均衡型都应该具有很强的节奏感，三跳的节奏用音节表示为 xxx，这就要求身体重心起伏较小，尽量保持在一条水平线上。而较多的体育考生在训练和加试时，却出现不是 xxx 的节奏，身体重心起伏较大，形成从高到低或高、低、中的曲线。这种错误的危害就在于考生不能建立正确的节奏感，不能把力量均匀地分配在三跳中，对运动成绩的提高影响较大。

上体姿势

起跳时上体保持直立或适度前倾，两腿做爆发式的蹬伸动作，其腾起角约为 $50° \sim 60°$，这与立定跳远的起跳技术有所区别，主要是为了获得最大的水平速度。腾空后上体应保持直立，稍向摆动腿一侧转动，达到躯干与起跳腿、摆动腿的协调一致。切不可左右前后倾倒。只有这样才有可能给第二跳合理跨出创造条件。

上下肢配合

身体的平衡主要是通过两臂的动作来控制，同时起到帮助身体更好地向前跃起的作用。在摆臂时注意向前摆动要用力，摆到与肩平齐时要突然停止，不能无限制的摆动，然后，双臂应自然地放至体后做好后一跳的准备动作。而摆动腿前摆要和起跳一致，摆动腿前摆与地面成平行并尽量停留一段时间，小腿则与地面成垂直角度。只有这样才能提高起跳的效果，只有上下肢配合协调成为一体，才能使身体重心平稳，达到合理有效的起跳。

放脚动作不正确

立定三级跳远技术中的单足落地技术，一般讲求快速有力的积极

扒地式落地动作,它的优点就在于:

1. 落地点离身体重心投影点较近,这样就加速了身体重心向支撑点前移的速度;

2. 减少了起跳产生的制动和水平速度的损失;

3. 有利于完成快速有力的起跳动作。在单足落地技术中常出现的错误有两种:

(1)是前脚掌落地,它主要是由于摆动腿没有充分前摆至水平位置和脚尖没有勾起所造成,并且伴有上体前倾过大。这种错误在放脚时产生制动较大,对水平速度的损失有很大影响。

(2)是脚后跟先落地,这种落地因为是滚动式放脚,所以加长了起跳腿落地时的缓冲阶段与蹬伸阶段的时间,同时起跳腿负担过重,出现第二次发力现象,对获得的水平速度破坏较大,影响了第二跳的效果。

专项技术与专项素质所限

由于立定三级跳远技术比较复杂,要想掌握它,必须具备良好的专项技术和身体素质,比如腿部力量,单脚跳落地后,支撑腿受到来自地面和身体的双向挤压,腿部力量小的考生往往出现腿打跪,第二跳根本不可能保持适宜的腾起角和必要的水平速度。对考生的柔韧性和协调性也有很高的要求。所以,专项成绩的提高是伴随着技术、专项素质以及心理素质的提高而提高。总之,影响立定三级跳远第二跳效果的因素很多,本文只例举几点进行阐述,以引起广大体育教师和考生的重视。只要在教学和训练中,针对考生出现的问题,及时地有目的地进行训练和改进,不断提高专项技术和专项素质,才能达到熟练和运用自如的程度,成绩才能有所突破。

三级跳远的助跑技术

三级跳远的助跑和跳远基本相似，一般跑 18 到 22 步，助跑距离 35 米至 40 米。

第一跳（单脚跳）

三级跳远的第一跳是用有力的腿做起跳腿，跳起后经过空中交换腿的动作再用它落地，完成单脚跳。由于第一跳以后还要继续进行第二和第三跳，所以在第一跳起跳时要尽量保持水平速度。

起跳腾空后，上体正直，完成腾空步。腾空步约占第一跳腾空抛物线的三分之一，随后摆动腿自然地由上向下伸并向后摆，同时起跳腿自后屈膝向前上方提摆，并带动同侧髋前移，做积极的换步动作，两臂配合腿的动作由体前经下向体侧后方摆动，以维持身体平衡。在换步后，起跳腿继续摆至大腿与地面平行，然后大腿积极下压，作"扒"地式落地。两臂由前向后侧摆，准备第二跳。

第二跳（跨步跳）

第一跳落地后，摆动腿迅速向前上方摆起，由于缓冲落地的动作而弯屈的起跳腿迅速伸直蹬地，两臂同时配合伸蹬动作，从后侧向前上方摆动，开始第二跳。起跳后，仍成腾空步姿势。在腾空抛物线的后三分之一时，开始做落地和准备第三次起跳的动作。两臂配合向前做大幅度的摆振。

第三跳（跳跃）

第三跳起跳腾空后，仍保持腾空步姿势，以后的动作与跳远的腾空和落地动作一样，可以采用蹲踞式，挺身式或走步式及其它落地方法。

三级跳远的训练

由于三级跳远技术比较复杂，所以它对身体训练的水平要求比较高。快速助跑和良好的弹跳力，以及强大的腿部力量和很好的协调性，是三级跳远运动员必备的条件。

准备时期

着重提高内脏器官的工作能力、发展专项身体素质和改进专项技术，经常采用的手段有 25 米至 40 米的起跑和加速跑，50 米至 150 米的变速跑，100 米至 200 米的反复跑，单脚跳，大强度的连续跨跳，各种方法的跳深练习，负重原地向上跳，负重体前屈，抓、挺举杠铃，各种腰背肌力量的练习和负重蹲起等。

比赛时期

以短、中程助跑的三级跳远练习为主要形式。方法是 30 米至 100 米加速跑，较长距离的速度耐力跑，各种负重练习和负重跳跃。比赛前适当减小训练量，安排一些技术动作的模仿练习和力量练习。

修整时期

减少训练的量度和强度，可以安排球类等活动的转换性练习。

7. 跳远比赛规则

跳远基本规则

1. 运动员的试跳顺序应抽签决定。

2. 运动员超过八人，每人可试跳三次。前八名可再试跳三次。倘

79

第八名出现成绩相等，则成绩相等的运动员均可再试跳三次。运动员只有八人或不足八人时，每人均可试跳六次。

注：此处"成绩相等"是指跳过同样距离，因此规则第 146 条（3）不适用于此。

3. 比赛开始后，运动员不得使用比赛助跑道进行练习。

4. 如有下列情况之一，则判为试跳失败：

（a）不论在未作起跳的助跑中或在跳跃动作中，运动员以身体任何部分触及起跳线以外地面者；

（b）从起跳板两端之外，不论是起跳线延伸线的前面或后面起跳者；

（c）在落地过程中触及落地区外地面，而区外触点较区内最近触点离起跳线近者；

（d）完成试跳后，向后走出落地区者；

（e）采用任何李翻姿势者。

5. 除上述 4 款之外，运动员在起跳板后面起跳，应为有效。

6. 试跳成绩应从运动员身体任何部分着地的最近点至起跳线或起跳线的延长线成直角丈量。

7. 每名运动员应以其最好的一次试跳成绩，包括第一名成绩相等决名次的试跳成绩，为其最后的决定成绩。

助跑道

8. 助跑道长不得短于 40 米，宽最小为 1.22 米，最大为 1.25 米，应用 5 厘米宽的白线标出。条件许可，最短长度为 45 米。

9. 助跑道的左右倾斜度不超过 1：100，跑进方向总的倾斜度不得超过 1：1000。

10. 标志物：运动员为有助于各自的助跑和起跳．可在助跑道旁放置标志物（由组委会批准或提供）。但在不提供此类标志物时，运动员可用胶布，但不可用粉笔或类似物质，以及其它任何擦不掉的物质。

起跳板

11. 起跳板是起跳的标志，应埋入地面，与助跑道及落地区表面齐平。板子靠近落地区的边缘称为起跳线。紧靠起跳线外应放置一块用橡皮泥或其他适当材料制作的板子，以便运动员脚部犯规时留下足迹。

如不能设置上述装置，应采用下列方法，紧靠起跳线前沿，沿着这条线铺上软土或沙子，宽为 *10* 厘米，与水平面呈 *30* 度角。

8. 跳高、跳远裁判规则

跳　高

跳高比赛如果出现选手最好成绩相等，需按以下规定评定名次：

第一，出现在成绩相等的高度上，试跳次数较少者名次列前；

第二，如成绩继续相同，以试跳失败次数比较少者名次在前；

第三，如成绩仍然相同，当涉及第一名时再进行决定名次的比赛，其余名次并列。

跳远或三级跳远

跳远和三级跳都是由两部分组成，即一段长距离的助跑和尽可能远得向着陆区域的跳跃。在三级跳中运动员从起跳线起要三步入坑，就像它的名字一样。这意味着他们必须首先踏下最终将起跳的脚，而后大跨步换脚,最后跃入坑内。只有运动员最好的那次成绩被记录下来。三轮过后,前8名进入最中三轮的角逐。接着他们按前三轮排名的相反顺序出场比赛。平局:任何平局都由比较次好成绩决出胜负。如果还不能解决问题,就比较第三好的成绩,以此类推。如果还是平局,就是并列冠军,除非金牌不够发。

第三章

铅球运动的竞赛

1. 铅球运动概述

铅球运动溯源

铅球运动的起源

如果追溯铅球运动的起源，虽然可以在冷兵器时代找到各种类似的投掷武器，例如古希腊、罗马时代，买不起昂贵铠甲的轻装步兵常常使用投石弹向敌人投掷石块，罗马军团中，有的士兵在盾牌上挂5个铅球，冲击前先投出这些铅球，然后再拔剑格斗。但是这些石块和铅球的重量都在1公斤左右，和现代田径运动使用的7公斤铅球相比，无论是重量还是投掷技术都相差太远。

很多研究体育与社会的学者都认为铅球运动的起源与火炮有关。因为早期的火炮是前装炮，没有膛线，只能发射实心球型弹或霰弹。14世纪火炮主要发射石弹，后来有了铅包石弹，最后发展成铅弹、铁弹等。16世纪欧洲从德意志开始，各国相继进行了炮制改革，把原本杂乱无章的大小火炮，调整为几种统一规格。这时，火炮开始按弹重确定口径，例如一颗球形铅弹重12磅，那么发射这种炮弹的火炮就被称为12磅炮。欧洲的火炮技术也就是从这时起迅速发展，炮兵训练也特别受重视。炮兵搬运炮弹的训练，逐步发展为民间的铅球投掷运动。

早期火炮结构特别简单，但是操作却非常复杂。每一次发射后都要经过火炮复位、清理炮膛火药残渣、装填发射药包、装填弹丸、装填引火具、重新瞄准等一系列程序。火炮发射速度往往取决于炮手的训练水平。特别是在风帆时代的军舰上，甚至炮手吃饭的桌子、睡觉的吊床就在炮位边上，空间狭窄，作战难度就更大。1805年，英、法两国进行了著名的特拉法尔加海战，这一仗英国名将纳尔逊打败了法国和西班牙联合舰队，从此奠定了后来英国100年的海上霸权。后来的研究者往往对纳尔逊拦腰斩断对方纵队的大胆战术津津乐道。但也有人注意到，海战中英国火炮的射速几乎是对方的一倍。这也是英国海军在双方舰队实力相近的情况下，获得大胜的"秘籍"之一。由此可见，搬运这些圆圆的"铁球"也不是一件小事了。

现代铅球比赛中，铅球的投掷圈直径为2,135米，圈内地面由水泥或者有相似的硬度又能防滑的物质构成，它的高度略低于地面高度。投掷圈外围是铁镶的边，有6毫米厚，顶端涂白。在投掷时，运动员不能接触铁边的顶端或者投掷圈以外的地面。铅球投掷圈的正前方放着一个木质的挡板1.21至1.23米长，它是用来防止运动员滑出圈外的。运动员可以碰挡板的内侧，但不能碰挡板的顶部。铅球着陆区都是由煤渣、草坪或者其他能留下印记的物质构成的平坦区域。每一个扇区由5厘米宽的白线分开。在铅球比赛中，着陆区的扇面角度是40度。

现代运动员技术进步很快，最初16、17米就是世界级水平，后来运动员们采用了背向投掷推铅球，以利用腿部和腰部肌肉，滑步、蹬地和转体的力量。1956年的世界记录到了19.06米，到1990年已经可以把7.26公斤的铅球，推到23.12米的距离。也有专家认为，1970年出现的旋转式投掷也可能创造更好的成绩。正在进行的奥运会上，除了运动成绩外，铅球运动员采用了哪种技术也是值得关注的看点之一。

铅球运动的来历

铅球的重量是7.257公斤，为什么要保留三位小数呢？这得从铅球的来历说起。

1340年，欧洲出现了世界上第一批炮兵，用的是火药炮。炮弹是用铁铸成的，样子像个圆球。一个炮弹的重量是16磅，合7.257公斤。士兵们在休息时，用炮弹推来推去玩耍，逐渐地发展成为锻炼身体的方法，后来因此而被列入了田径运动项目。

但有人觉得铁铸的圆球体积太大，使用起来不方便，就改为铁壳里灌铅，成为铅球，重量仍为7.257公斤。由于铅的比重大于铁的比重，在重量不变的条件下，铅球体积比铁球大大缩小，用起来可就方便多了。不过现在7.257公斤（四舍五入为7.26公斤）的铅球，只限于男子比赛时使用。女子比赛的铅球为5公斤，不再保留小数

铅球是世界田径赛场上的传统项目。在远古时期，面对严酷的自然环境和原始水平低下的生产力，人类要在地球上生存延续下去，不仅要跑得快，或迅速跳越障碍去追捕各种动物，或逃避猛兽的伤害，而且还要学会利用工具把石头、梭标、鱼叉等投得又远又准，以便击中猎物而获得食物。

奴隶制时期，随着人类的进化、社会的进步，掷重石已成为重要的作战方法。为了提高各自的战斗力，掷重石就被当作重要的训练手段。

古希腊时期，曾一度流传着投掷石块的比赛，并将此作为选拔大力士的重要标准。相传，在公元1150年左右，希腊雅典举行过一次规模宏大、声势浩大的掷重圆石比赛。

根据规定，大力士们把圆石高高举起投向远方，以投掷距离的远近来决定优劣胜负。这可以说是铅球运动的前身。大约在公元1340年，希腊开始出现了火炮，而炮弹是用圆形铅制成的。

为了使得炮手作战时装填炮弹熟练、迅速、敏捷，以提高军队

的战斗能力，希腊人就在日常训练中让士兵用同炮弹重量大小相当的石头练习，并进行比赛。后来又用废弃的铅制炮弹代替石头进行模拟训练，这才是现代铅球的直接起源。再之后，这一训练从部队流入民间，慢慢地变成了投掷铅球的游戏，并很快得以传播，成为广受群众欢迎的体育竞赛项目。

1896 年，铅球成为第一届现代奥运会上投掷比赛正式项目。从它诞生之日起，它就一直是大力士的宠儿，它使得各国大力士能一展自己的雄风。

铅球运动的发展

推铅球在历史上曾采用过按运动员体重分级进行比赛的办法。后来实践证明，推铅球距离的远近，并不完全取决于体重，更重要的是能否掌握合理的技术和是否具有全面发展的身体。

最初推铅球比赛是在一条线后进行，可以采用原地和助跑投掷，后来为了限制助跑距离，规定在一个方形场内进行，以后改在直径 2.135 米的圆圈内进行，并要求铅球落在规定的投掷区内，投掷区的角度最初是九十度，经过多次改变，现在是四十度。

推铅球作为田径运动项目，是在 19 世纪出现于英国。1886 年记载了第一个纪录（10.62 米）。不久，其他国家的运动员也开始练习推铅球。公元 1896 年第一届现代奥运会上，就把男子推铅球列为正式比赛项目，成绩是 11.22 米。1948 年第十四届奥运会上，又把女子推铅球列为正式比赛项目，成绩是 13.75 米。

随着田径运动的实践和体育科学的发展，推铅球的技术也不断地改进和完善。教练员、运动员围绕着从决定成绩最重要的因素 - 速度出发，改革技术，从古老的上步推球方法，变为侧向滑步推球，在 50 年代初期又由侧向推球发展为背向推球。这种方法一出现，就被铅球运动员广泛采用，因为它使转体九十度的侧向改变为一百八十度，使铅球运动员手中的运行距离大大加长，可以产生较大的速度，并用到最后出手的动作中，因而促使运动成绩大幅度提高，进入 20 世纪 60 年代就超过 20 米大关。因此，背向投掷方法是推铅球技术的一次大变革。

自背向滑步推球方法出现后的十多年来，许多运动员又在这种方法的基础上表现出不同的技术特点，促使最后用力前上体更加充分地扭转和拉紧，以便推球时发挥更多肌肉群的力量，使沿球离手时获得更大的速度，这又推进了背向技术的发展。

在背向投掷技术不断发展过程中，又出现了旋转推球的方法。这种方法，从某种意义上讲，完全改变了背向滑步推球的性质，使直线运动改变为旋转和直线相结合的运动。当前对这种推球的方法还没有更多的科学依据，但是不少优秀运动员已经采用，并达到 20 -22 米的成绩，我国优秀推铅球运动员中也有人开始采用这种方法，并取得了良好的成绩。

总之，推铅球技术的变革，无论从侧向到背向，或者是从背向到旋转，不外乎：第一，尽量加长铅球在手中运行的距离，使铅球获得较大的预先速度；第二，尽量加长最后用力的工作距离；第三，能使更多的肌肉群参加最后推球的工作，并为这些肌肉工作创造良好的条件。

推铅球的技术是单手持球放在肩上锁骨窝处，站在直径为 2.135 米的圆圈内靠近后沿处，经过滑步（或旋转）后，单手从肩上推出，使铅球落在规定的投掷区内。

现在的推铅球技术，有背向滑步推和旋转推两种，动作方法虽不同，但分别都是一个有机联系的完整动作。

铅球介绍

铅球很重很圆，是一个表面光滑的金属球。在男子比赛中，铅球直径必须在 $110 \sim 130$ 毫米之间，女子则在 $95 \sim 110$ 毫米之间。

铅球比赛中运动员都是在投掷圈中站立开始投掷。投掷圈外围是铁镶的边，有 6 毫米厚，顶端涂白。在投掷时，运动员不能接触铁边的顶端或者投掷圈以外的地面。铅球的投掷圈直径为 2，135 米，圈内地面由水泥或者有相似的硬度又能防滑的物质构成，它的高度略低于地面高度。铅球投掷圈的正前方放着一个木质的挡板 $1.21 \sim 1.23$ 米长，它是用来防止运动员滑出圈外的。运动员可以碰挡板的内侧，但不能碰挡板的顶部。

在比赛中，着陆区都是由煤渣、草坪或者其他能留下印记的物质构成的平坦区域。每一个扇区由 5 厘米宽的白线分开。在铅球比赛中，着陆区的扇面角度在 2003 年由以前的 40 度改为了 34.92 度。

原地背向推铅球

背对投掷方向，躯干和肩带向右转，上体前倾（根据腿部力量而定），体重在右腿上，左臂和左肩前伸并稍向内扣。推球动作同技术部分。

滑步前的预备姿势，滑步前先做一两次预摆，预摆时左腿自然弯曲，大腿用力平稳向上摆起，右腿伸直，上体前屈。左臂微屈前伸或下垂并稍向内，头与背保持一条直线。

高姿势

持球后，背对投掷方向，站在圈内靠近后沿处，两脚前后站立，相距 20－30 厘米左右，右脚尖靠近投掷圈内沿（脚也可稍向内转），左腿在后并自然弯曲以前脚掌或脚尖着地，上体正直放松，左臂自然上举，体重落在伸直的右腿上。

低姿势

持球后背对投掷方向，站在圈内靠近后沿处，两脚前后站立，相距 50~60 厘米左右（根据身高和下蹲的程度而定）。左脚在后，以前脚掌或脚尖着地，右脚尖贴近圆圈指向投掷相反方向（脚也可稍内转）。左臂自然下垂，左肩稍向内扣，两腿弯曲，上体前屈。

2. 铅球运动技术

学习滑步推铅球的技术

圈外徒手滑步练习

摆动腿的摆动练习：左手拉住同肩高的固定物或同伴的手。左腿回收接近右腿时，快速向抵趾板方向摆出。

方法同上，但左腿向投掷方向摆动前身体重心略向后移，接着左腿摆动，右腿蹬伸，推动身体向投掷方向移动。

拉收右腿的练习：两腿前后直立（两脚肩宽），体重在两腿之间。上体稍前屈。从这个姿势开始，迅速将小腿收至重心下负担身体重量，并保持平衡。当右脚收至重心下快着地时，左腿快速向后撤步，形成最后用力前的姿势。

徒手滑步练习：高姿站立，摆动腿摆到一定的高度后，在回收过程中，同时右腿逐渐弯曲，降低重心。当左腿回收到接近右腿时，完成屈膝团身，待身体稳定后，立即开始作滑步动作，动作熟练后可作连续滑步。

持较轻铅球滑步

教学实践中，学生虽然已初步掌握徒手滑步的技术，但是持球后往往由于负荷了一定重量，较难完成。为了保证动作的协调，开始持球滑步时，可用较轻的铅球，以后逐渐增加重量。

滑步推铅球：滑步推铅球是在初步掌握了滑步和最后用力的基础上进行的。

最后用力

滑步结束时，右脚比左脚先着地。右脚着地后，右腿积极蹬伸，推动右髋向投掷方向转动。上体在转动中逐渐抬起，同时躯干的肌群积极收缩。左臂和左肩高于右肩，铅球尽可能保持较低位置，体重大部分仍在弯曲而压紧的右腿上。

右腿蹬伸，进一步将右髋向投掷方向送出，右臂迅速而有力地将球推出。铅球快出手时，手腕稍向内转同时屈腕，快速而有力的拨球，使铅球从手指离开。

铅球离开后，两腿弯曲或交换，降低重心，缓冲向前的冲力，维持身体平衡，防止出圈犯规。

滑　步

推铅球在具体教学步骤上，首先要反复练习滑步后右腿蹬伸与左腿支撑的协调动作，解决滑步后与推球动作的衔接，其次采用较轻的铅球在圈外进行滑步推球。

原地推铅球动作要领

握球和持球

握球手的手指自然分开，把球放在食指、中指和无名指的指根上，大拇指和小指支撑在球的两侧，以防止球的滑动和便于控制出球的方向。掌心不触球。

握好球后，身体左侧对着投掷方向，两脚左右开立比肩稍宽，左脚尖指向斜前方并与右脚弓在一直线上；右膝弯曲，上体向右倾斜扭转，重心落在右腿上；左臂微屈于胸前，使球的垂直线离开右脚外侧，以加长用力距离和拉紧左侧肌肉。

推球时，右脚迅速用力蹬地，脚跟提起，右膝内转，右髋前送，使上体向左侧抬起，朝着投掷方向转动。当身体左侧接近于地面垂直一刹那，以左肩为轴，右腿迅速伸直，身体转向投掷方向，挺胸、抬头，右肩用力向前送，右臂迅速伸直将球向前上方约 40 ~ 42 度角左右推出。球离手时手腕要用力，并用手指拨球。与推球的同时，左腿用力向上蹬直，以增加铅球向前和向上的力量。球出手后，右腿迅速与左脚交换，左腿后举，降低身体重心，缓冲向前的力量，以维持身体的平衡。

右腿蹬离地面

右腿蹬离地面的方法有两种：

以脚跟蹬离地面，右腿蹬直。这种方法蹬地力量大，成效好，合适矮小的人和身体锻炼程度高的人。

用前脚掌蹬离地面，右腿不完全伸直。这种方法简单省力，蹬地力量小，合适身材高大的人和初学者。

由于左腿的摆动和右腿的蹬地，发生身体向投掷方向挪动的合力。右脚蹬离地面后，疾速拉收小腿，并向内转动，用前脚掌着地，落在圆圈中心附近，与投掷方向约成 130 度角。同时左脚积极下落，以前脚掌内侧落于左侧抵趾板处，两脚落地间隔的时间愈短愈好。

滑步时，左臂保持内扣，不使左肩转向投掷方向，头部保持向右后方的姿势。

最后用力：最后用力是推铅球技术的主要环节。当滑步结束，左脚积极着地的一刹那，右膝和右脚向投掷方向蹬转，促进右髋向投掷方向转动，这时被扭紧和拉长的腰、背、髋部的大肌肉群膨胀，使上体疾速向投掷方向抬起。左臂由胸前向左上方牵引，使肩带肌肉拉长，身体左侧对着投掷方向，上体向右侧倾斜，左肩高于右肩，铅球处于较低部位，构成推球前的最佳姿势。在两腿继续用力蹬地时，右肩前送，右臂疾速用力将球推出。此时两腿的蹬直、右臂的推球和抬头后仰是同时进行的。铅球快离手时，伎俩手指向外拨球。铅球离手后，两腿弯屈或交流，降低重心，保持身体均衡。

旋转推铅球技术

投掷者两脚左右开立，站在圆圈内靠近后沿处，背对投掷方向，两脚距离比肩稍宽，体重落在两腿上（实践中，有的投掷者左脚屈膝稍向后，用前脚掌着地，体重大局部落在右腿上）。右手持球放在肩上锁骨窝处，使铅球贴紧颈部，左臂自然向下（也可自然上举），上体前屈。

旋转前，上体前屈并向右转动，左肩和左臂也随之向右转动，两股弯屈（弯屈程度视个人力量而定），右腿支撑体重（有的上体前屈较大，背部几乎与地面平行），上体转动，扭紧体侧肌肉，做好向左旋转的准备。

开始旋转时，头部带动身体向左转动，两腿逐渐弯曲，重心降低。此时以左脚前脚掌为轴转动，体重颠簸地从右腿移向左腿，左膝、左脚继续外转（脚跟提起）。

当体重移至左腿时，右脚离地后，膝关节弯屈并盘绕左腿向前转动，右髋适当伸展，左臂自然抬起，上体稍向左侧倾斜，保持身体均衡。随后，身体继续向投掷方向转动，右脚在右膝内扣的同时，向前跨出，用前脚掌着地，落于圆心附近。

右脚落地前，左脚离地屈膝积极向右腿靠拢，以加快旋转速度。右脚落地后，膝关节逐渐弯屈，并担负体重。此时左髋积极沿逆时针方向转动，用以加快旋转速度和左脚落地的动作。左脚用前脚掌着地，落在中线稍偏左侧的地方，构成最后用力前的有利姿势：身体重心较低，上体扭紧，左臂上举并内扣，左肩高于右肩，使参与最后用力的肌肉群处于拉长状态。

左脚着地后，右脚积极用力蹬转，促进右髋向前上方挪动，使上体和铅球更加留在后面，然后开始象背向推球那样做推球动作。

在旋转过程中，头部和左臂的动作有着重要的作用。开始旋转时，头部带动身体转动，左臂也随之摆到左侧。当进入以右脚为轴旋转时，由于髋部快速转动，使头、左肩和左臂落在后面，使体侧肌肉扭紧拉长，为最后用力推球创造了条件。假使在右脚支撑旋转中，头和左臂向左转动，势必造成体重过早地移向左脚，从而破坏了最后用力前的有利姿势。

滑步推铅球的技术

摆动腿的摆动练习

左手拉住同肩高的固定物或同伴的手。左腿回收接近右腿时，快速向抵趾板方向摆出。

方法同上，但左腿向投掷方向摆动前身体重心略向后移，接着左腿摆动，右腿蹬伸，推动身体向投掷方向移动。

拉收右腿的练习：两腿前后直立（两脚肩宽），体重在两腿之间。上体稍前屈。从这个姿势开始，迅速将小腿收至重心下负担身体重量，并保持平衡。当右脚收至重心下快着地时，左腿快速向后撤步，形成最后用力前的姿势。

徒手滑步练习

高姿站立，摆动腿摆到一定的高度后，在回收过程中，同时右腿逐渐弯曲，降低重心。当左腿回收到接近右腿时，完成屈膝团身，待身体稳定后，立即开始作滑步动作，动作熟练后可作连续滑步。

持较轻铅球滑步：教学实践中，学生虽然已初步掌握徒手滑步的技术，但是持球后往往由于负荷了一定重量，较难完成。为了保证动作的协调，开始持球滑步时，可用较轻的铅球，以后逐渐增加重量。

滑步推铅球

滑步推铅球是在初步掌握了滑步和最后用力的基础上进行的。

大转体推铅球技术

实践证明，速度力量已成为投掷铅球的核心素质。初级、中级水平的运动员腿部力量较差，致动作停顿，破坏了不间断用力节奏，成为运动员发挥速度力量的最大障碍。如果提高动作的协调性、连贯性，就能体现整体效果，大大提高出手速度，实现推铅球的经济性与时效性。本人在多年的实践中，总结出大转体推铅球技术，较好的解决了腿部力量较差，最后用力衔接不紧凑的问题，大大提高了运动员的成绩。

具体操作方法（以右手推铅球为例）

1. 正对投掷方向，高姿站立。右手持、握球。预摆前，上体伸展，左臂自然前伸，作为最后用力的初次肌肉体验。身体先向投掷方向反向转体 90 度并稍前倾，提高腰部肌群的扭转效果，重心落于左脚。

2. 预摆开始，左脚内侧蹬地，腰部肌群带动上体反向转体 270 度，形成重心向右脚平移的双支撑的超越器械技术，提高支撑反作用力效果。

3. 预摆结束瞬间，左腿支撑，右腿开始快速蹬伸发力，通过展髋、挺胸、振臂、伸腕、拨指将球弹出。

从生物力学意义上说，它具有以下特点

1. 预摆前，上体伸展，左臂自然前伸，作为最后用力的初次肌肉体验。

2. 预摆开始时腰部位扭转效果的准确控制，为大幅度转体奠定了基础。

3. 预摆结束瞬间，增加右腿支撑反作用力，使蹬地效果明显。

通过身体扭转和超越器械等方式将预摆时身体获得的动能储备起来，在最后用力阶段配合双腿、躯干用力和投掷臂的快推动作，作用与铅球，也可作为背向滑步的过渡技术，提高动作的连贯性。由于提高支撑反作用力效果，加大身体扭转的程度，提高了出手速度，最后用力时，对腿部力量的要求较高。

3. 铅球比赛规则

铅球基本规则

1. 应抽签决定运动员试掷顺序。

2. 运动员超过 *8* 人，应允许每人试掷 *3* 次，有效成绩最好的前 *8* 名运动员可再试掷 *3* 次，试掷顺序与前 *3* 次试掷后的排名相反。如果在第 *3* 次试掷结束后出现第 *8* 名成绩相等，按规则第 *146* 条（*3*）处理。当比赛人数只有 *8* 人或少于 *8* 人时，每人均可试掷 *6* 次。

3. 比赛开始前，运动员可在比赛场地练习试掷，练习时应按抽签

排定的顺序进行，始终处于裁判员的监督之下。

4. 一旦比赛开始，运动员不得持器械进行练习，无论持器械与否，均不得使用投掷圈或落地区以内地的面练习试掷。

5. 应从投掷圈内将铅球推出。运动员必须从静止姿势开始进行试掷。允许运动员触及铁圈和抵趾板的内侧。

6. 应用手从肩部将铅球推出。当运动员进入圈内开始试掷时，铅球应抵住或靠近颈部或下颌，在推球过程中持球手不得降到此部位以下。不得将铅球置于肩轴线后方。

7. （a）不允许使用任何装置对投掷时的运动员进行任何帮助，例如使用带子将两个或更多的手指捆在一起。除了开放性损伤需要包扎以外，不得在手上使用绷带或胶布。

（b）不允许使用手套。

（c）为了能更好地持握铅球，运动员可使用某种适宜物质，但仅限于双手。

（d）为了防止手腕受伤，运动员可在手腕处缠绕绷带。

（e）为防止脊柱受伤，运动员可系一条皮带或其他适宜材料制成的带子。

（f）不允许运动员向圈内或鞋底喷洒任何物质。

8. 运动员进入圈内开始投掷后，如果运动员身体的任何部位触及圈外地面，或触及铁圈和抵趾板上面，或以不符合规定的方式将铅球推出，均判为一次试掷失败。

9. 如果在试掷中未违反上述规定，运动员可中止已开始的试掷，可将器械放在圈内或圈外，在遵守本条第 12 款的前提下，可以离开投掷圈，然后返回圈内从静止姿势重新开始试掷。

注：本款中允许的所有行动应包括在规则第 142 条（4）中规定的一次试掷的时限之内。

10. 铅球必须完全落在落地区角度线内沿以内，试掷方为有效。

11. 每次有效试掷后，应立即测量成绩。从铅球落地痕迹的最近点取直线量至投掷圈内沿，测量线应通过投掷圈圆心。

12. 运动员在器械落地后方可离开投掷圈。离开投掷圈时首先触及的铁圈上沿或圈外地面必须完全在圈外白线的后面，白线后沿的延长线应能通过投掷圈圆心。

13. 应将器械运回投掷圈，不许掷回。

14. 应以每名运动员最好的一次试掷成绩，包括因第一名成绩相等而进行的名次赛的试掷成绩，作为其最后的决定成绩。

铅球投掷圈

15. 结构：投掷圈应用铁板、钢板或其他适宜材料制成，其上沿应与圈外地面齐平。圈内地面应用混凝土、沥青或其他坚硬而不滑的材料修建。圈内地面应保持水平，低于铁圈上沿 *14 – 26* 毫米也可使用符合上述规定的活动投掷圈。

16. 规格：投掷圈内沿直径应为 *2.135* 米（±*5* 毫米）。铁圈边沿至少应厚 *6* 毫米，漆成白色。

17. 从金属圈顶两侧向外各画一条宽 *5* 厘米、长至少为 *75* 厘米的白线。此线可以画出，也可用木料或其他适宜材料制成。白线后沿的延长线应能通过圆心，并与落地区中心线垂直。

抵趾板

18. 结构

抵趾板应用木料或其他适宜材料制成，漆成白色，其形状应为弧形，以便使其内沿与铁圈内沿重合。应将抵趾板安装在两条落地区标志线之间的正中位置，并固定于地面。

注：可以使用国际田联以前规定的抵趾板。

19. 规格

抵趾板宽度为 11、2 - 30 厘米，内沿弧长 1.22 米（±1 厘米），高出圈内地面 10 厘米（±2 毫米）。

铅　球

20. 结构

铅球应用固体的铁、铜或其他硬度不低于铜的金属制成，或由此类金属制成外壳，中心灌以铅或其他金属。铅球的外形必须为球形，表面不得粗糙，结点处应光滑。

21. 铅球应符合下列规格：

22. 在规则第 12 条 1（a）的比赛中，只许使用组委会提供的器材，在比赛中不许改变。不允许运动员携带任何器材进入比赛场地。

在所有其他比赛中，运动员可以使用自备器材，但在比赛前应经组委会批准，这些检查合格并做有标记的自备器材，所有运动员均可使用。

铅球落地区

23. 应用煤渣或草地以及其他适宜材料铺设落地区，铅球落地时应能留下痕迹。

24. 落地区在投掷方向上的向下倾斜度不得超过 1：1000。

25. 应用宽 5 厘米的白线标出落地区，其延长线应能通过投掷圆圆心，圆心角为 40 度。

注：可用下列方法精确设置 40 度扇形落地区：在离投掷圈圆心 20 米处，二条落地区角度线相距 13.68 米，即每离开圆心 1 米，落地区角度线的横距增加 68.4 厘米。

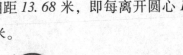

26. 可用醒目的旗帜或标志物标出每个运动员的最好成绩，安放标志物时，应沿落地区标志线方向放置在标志线外侧。

可用醒目的旗帜或标志物标出现行的世界记录，在合适场合可标出最新的洲际或国家记录。

第四章

链球运动的竞赛

1. 链球运动概述

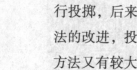

链球运动的起源与演变

链球运动是田径运动中投掷项目之一，链球运动使用的投掷器械、球体用铁或铜制成，上面安有链子和把手。运动员两手握着链球的把手，人和球同时旋转，最后加力使球脱手而出。投掷链球须在直径2.135米圆圈内进行。运动员双手握住柄环，站在投掷圈后缘，经过预摆和3~4圈连续加速旋转及最后用力，将链球掷出。球落在规定的落地区内，成绩方为有效。比赛的规则要求与铅球基本相同。链球运动属于一种可增长力量型运动，要求运动员有高协调性和在高速度的旋转中维持身体平衡的能力。

掷链球的运动员最初都是些身体高大的人，大多是单纯用力量进行投掷，后来，随着体育科学的发展，运动技术的不断完善和训练方法的改进，投掷链球的技术便向着加快速度方面发展。近年来，投掷方法又有较大的突破，出现了旋转四圈投掷的技术。这就加快了链球出手的速度，提高了运动成绩，目前世界纪录已达86.74米。近两年在国际上已有一些国家开展了女子链球运动，并且发展很快，一九九八年被正式列为奥运会和田径系列大赛的正式比赛项目。目前还没有世界纪录。

球运动的起源

链球是由打铁的铁锤演变而来。中世纪时，苏格兰的铁匠和矿工，在业余时间里经常用他们的生产工具——带有木柄的铁锤进行掷远比赛。以后，这样的比赛渐在英国流行。链球的英语词意即为铁锤。

19 世纪后期，链球成为英国牛津大学和剑桥大学运动会的比赛项目。那时的投掷方法是旋转五圈后掷出，投掷的方向没有限制。决定投掷距离的办法，是从投掷者的前脚到链球的落点来计算。第一个纪录是牛津大学学生在一八七三年创造的，他使用的球柄比较长，球体是用铅做的。从那时起，链球才开始改为圆形，其后柄也由木制的改为钢链。当时使用的器械是将木柄的铁球，后为便于投掷，将木柄改为钢链，链球由此而来。掷链球最初采用原地投，后逐渐改进为侧向投，旋转一圈投、两圈投、三圈投，现运动员多采用四圈投。男子链球重 7.26 公斤，总长 117.5 ~ 121.5 厘米，女子链球重 4 公斤，总长 116.0 ~ 119.5 厘米。比赛时，运动员必须在直径 2.135 米的圈内用双手将球掷出，链球必须落在 40 度的角度线内方为有效。圈外有 U 形护笼，确保投掷安全。男子链球于 1900 年被列为奥运会比赛项目，女子链球于 2000 年列入。

链球运动的发展

1900 年在第二届奥林匹克运动会上，掷链球被列为比赛项目。同时规定了在直径 2.135 米的圆圈内投掷，链球落地的有效区为九十度，后来改为六十度，现在是四十度。

链球运动的故乡虽在英国，但英国却没有在这项运动中取得过出色的成绩，也从未创造过世界纪录和在奥运会上获得过金牌。而美国在本世纪初却有出色的成绩。美国人创造了第一个链球世界纪录。自 1900 年链列入奥运会比赛后，美国人从 1900 年 ~ 1924 年后，美国人在这一项目上曾失去优势，但 50 年代中期重新崛起，其著名选手康纳利，曾 6 次创世界纪录，并获 1956 年奥运会金牌。1960 年他又第一个突破 70 米大关，并创造了 70.33 米的世界纪录。

继美国之后，链球优势之争在欧洲国家之间展开。世界纪录在德国、匈牙利、挪威、前苏联等国之间多次被改写。奥运金牌也全由欧洲人包揽。匈牙利一度较为突出。

1954 年，前苏联选手发威，克里沃诺索夫接连 5 次创世界纪录。60 年代的克里姆、帮达丘克，70 年代的斯皮里多诺夫、扎伊丘克，都曾刷新过世界纪录。进入 80 年代，前苏联包下了全部世界纪录。

在 1960 年～1988 年的 8 届奥运会中，前苏联除 1968 年、1984 年两届未参加外，包揽了其余各届的金牌。特别是 1976 年奥运会时，帮达丘克带着他的两名学生参赛，师徒三人包揽全部奖牌。师徒同台领奖，成为奥运会上的一段佳话。另外，他们还在世界田径锦标赛、世界杯赛中多次夺魁。

中国的链球运动

链球运动在中国发展较晚，1910 年旧中国第 1 届运动会上曾设过掷链球的比赛，成绩约 34 米。当时用的球仅重 12 磅，所以旧中国还没有留下正式的链球纪录。

新中国成立后的第一个链球纪录是在 1954 年创造的，成绩为 29.92 米。

1956 年－1966 年，链球在中国发展较快。1957 年全国纪录达到 50.68 米，1963 年为 62.33 米，与当时的世界纪录相差 7.47 米，接近了世界水平。

1967 年－1972 年，链球训练呈停滞状态。从 1973 年起，链球运动的训练重新恢复。1976 年全国纪录达到 63.96 米。1986 年全国纪录为 70.08 米，证明了中国人有能力进入世界先进行列. 1988 年后，毕忠 6 次创全国纪录，并以 77.04 米创造亚洲当时的纪录。

1998 年－2000 年，可以说是中国女子链球的起点。在 1998 年亚洲田径锦标赛中我国优秀链球运动员顾原以 70 米的成绩为中国取得了历史上第一块女子链球的金牌，同时她也是亚洲第一个投出 70 米的选手。

2002 年亚洲田径锦标赛，我国女子链球顾原又以 71 米 10 的成绩在次打破亚洲纪录成为冠军，她先后 14 次打破亚洲纪录，为我国链球项目的发展垫下了一定的基础。

2003－2008 年，我国链球项目的发展已经变的很强大了，当时的成绩也都开始跟国际等级选手接轨，并且在国际各种大赛上也都出现了中国选手的身影。

2003 年，世界军人运动会，我国女子链球运动员，张文秀以 69 米 89 的成绩取得了金牌，这也是我国链球历史上第二个近 70 米大关的优秀运动员。

2004 年，希腊雅典奥运会，我国链球运动员，张文秀以 72 米 03 的成绩取得了第七名，也是第一个进入奥运会链球决赛的中国运动员。

2007 年，日本大阪世界锦标赛，我国链球运动员，张文秀又以 74 米 39 的成绩，夺取了总排第三的好成绩，同时也证实了中国的链球运动在不断的进步。

2008 年，北京奥运会，我国链球运动员，张文秀以 74 米 32 的成绩，为中国拿下了田径历史上唯一一块链球项目的铜牌，由此可见，中国的链球运动在我国有更加大的发展空间。

掷链球技术简介

现以向左旋转和向左上方出球为例，简介其技术如下。

1. 握法：采用扣锁式握柄方法，先用左手勾握住把柄，右手紧紧扣握在左手上，然后两拇指交叉扣锁，左手可戴外露指尖的手套。预备时运动员站在投掷圈内的后缘，背对投掷方向，两脚的距离约同肩宽，两膝微屈，上体稍向前倾并右转，体重大部分落在右腿上，链球放在右后方，两臂与链子和球体成一直线。有的运动员将球提离地面，由体前摆至右后方作预备姿势。

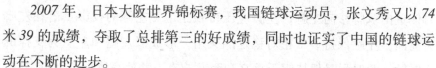

2. 抢摆：为了在旋转前使链球先获得一定的速度，一般都抢摆两周。开始抢摆时，先把链球向前右上拉起，同时将体重移向左腿。当球抢摆至左后方高点时，体重又移至右腿。左脚跟抬起，躯干沿身体纵轴向右下方移动，这时两臂要伸直，以保持最大半径的抢摆。球从左上方向右下运行时，体重移至左腿，完成第 1 次抢摆。第 2 次抢摆的速度要更快些，幅度要更大些，在整个抢摆中髋部要作对抗离心拉力的补偿动作，使身体很稳固地完成抢摆。

3. 旋转：从双脚支撑阶段开始，链球摆至身体右侧与肩齐平时进入第 1 圈旋转。此时两腿弯曲，躯干稍向右转，当链球由右侧沿弧线移至身体右侧低点时，以左脚跟右脚掌为支点向左转动，随链球向左上方高点运动，左脚向左转动 180°，躯干向左移动 90°，体重移向左脚，同时右腿迅速蹬离地面，右膝紧靠左膝，进入单脚支撑阶段。此时体重由双脚移向左脚，左脚应压得很紧，使左膝的投影点落在左脚尖前面，左膝保持一个相对稳定的夹角，形成以左腿和左肩为支撑的旋转轴。此时尽量保持躯干垂直和两臂伸直，并使身体重心靠近左腿。当完成了左脚跟向左脚掌的滚动过渡，紧接着就是由单脚向双脚的旋转，这时处于高点的链球，由左后高点沿弧线向右下运动，左脚跟抬起，左膝越过支撑点，左脚积极转动至开始位置。在链球接近右肩同高位置时，右脚掌积极着地，充分超越链球，完成第 一圈旋转。第二、三两圈旋转的技术结构与第 1 圈基本相同，但由于旋转的速度不断加快，必然形成下列一些变化：

（1）链球运行斜面的倾斜度逐圈加大，从第 一圈 37°~38°左右，逐渐接近最后用力的出手角度。

（2）链球运行的最低点逐圈向右前下方移，最高点向左后上方移。

（3）在旋转中左脚虽然是沿一条直线向正对投掷方向移动，而右脚在向投掷方向的移动中，却逐渐向左脚靠近，因此脚迹形成的是一个锥形。近年来有不少运动员采用转四圈的投掷技术，其优点是加快链球的出手速度。但四圈的技术难度更大，要求运动员有较高的身体训练水平和更为完善的技术。由于投掷圈直径的限制，四圈投掷的第一圈是以左脚前掌着地进行身体不向前移的旋转。最后用力是从最后一圈旋转结束、右脚着地开始的，此时链球在右侧上方略高于肩，身体成扭转状态，两腿弯曲，链球远离身体，随躯干积极向左转动。球通过最低点，开始蹬伸两腿，头后仰，保持上体直立，拉长背肌，左腿继续蹬伸，右腿稍屈，以右脚掌支撑向左移动，胸和臂积极向上抬起，顺着链球运行的方向迅速有力地挥臂。当链球达到肩高部位时，即放手将球掷出。链球出手的角度在 $42° \sim 44°$ 之间，链球出手后注意作转体动作，面对投掷方向，换腿降低重心以保持平衡。

到 1980 年底为止，世界上已有 6 人掷链球的成绩超过了 80 米，其中 2 人逼近 82 米。取得这些进展关键在于他们具备了使 7.26 公斤的链球在有控制的合理出手角度的条件下，以 29 米/秒以上速度进行抛射运动的能力。实践证明，这些优秀运动员具有很高的训练水平、熟练的技术和很好的意志品质。他们都有长年和早年从事专项训练的历史。在技术方面，提高链球的旋转速度是首要的，而四圈旋转技术是获得进一步加快链球旋转速度的方向。

链球的完整技术动作

运动员持链球在投掷圈内，以旋转前进的动作形式，使链球获得逐渐加速，最后将球投向远方。球的飞行远度，取决于链球出手初速度和出手角度。要获得最大的出手初速度，就是最大限度地加大旋转半径，适当增加旋转圈数。投掷链球超过 80 米的运动员，出手初速度达到 $27 \sim 30$ 米/秒，出手的适宜角度为 $40 \sim 44$。链球运动员一般采用旋转3～4圈的方法。

投掷链球的完整技术是由持握器械、预备姿势、预摆、旋转和最后用力五部分组成。

链球的场地和器械

链球由三部分组成：球体、链子和把手。球体、链子和把手。球体一般为铁质制成。球体外形应为完整的球形。链子应以直而有弹性并不易折断的单根钢丝制成。把手为单环或双环结构，但必须质地坚硬，没有任何种类的铰链连接。

链球球体

应用固体的铁或硬度不低于铜的其他金属制成链球球体，或用此类金属制成外壳，中已灌铅或其他固体材料。男子链球的球体直径最小为110毫米，女子链球的球体直径最小为95毫米。链球球体外形应为完整的球形。如果使用填充物，应使其不能移动，球体重心至中。动的距离不应大于6毫米。

链 子

应以直而有弹性、不易折断的单根钢丝制成。钢丝直径不小于3毫米，即回四号标准钢丝。投掷时链子应无明显延长，钢丝的一端或两端可弯成环状以便于连接。

把 手

把手可为单环或双环结构，但必须质地坚硬，没有任何种类的铰链连接。投掷时不得有显著延长。把手与链子的连接必须做到把手在链环中转动时链球的总长度不得增加。

链子与球体的连接

链子应借助于转动轴承与球体连接，转动轴承可为滑动轴承或滚珠轴承。把手与链子的连接应为环状连接，不得使用转动轴承。

场 地

掷链球场地与推铅球场地相同，但不安装抵趾板，而且为了使用安全，需在投掷圈外安装护笼。

护笼的俯视图为"U"字形。护笼由 7 块挡网组成，每块挡网宽 2.74 米。护笼开口宽度应为 6 米，位于投掷圈圆心前方 4.2 米处。挡网高度为 5 米。

运动员能力鉴定

链球运动员入门时体形长短不一，但手臂长对投掷有利，对旋转也有一定的要求（旋转能力的培养应从小抓起）。

对投掷链球感兴趣的人可以通过训练营学习基本技术，年轻人也可以通过书本、网站、视频来学习这一运动技术，最重要的是刻苦训练，即使没有链球或者没有安全的落地区。拖尔和德尔的教练员以及一些有经验的专家认为一般专项训练能够有助于最终的专项成绩的提高，良好的运动能力为成为优秀的链球运动员打下了良好的基础。在青少年阶段经过一般训练，使得运动员具有一定的运动经历，这样更容易达到运动生涯的高峰。

2. 投掷链球的技术

掷链球时，运动员用双手持链球在投掷圈内，以旋转的动作形式，使链球逐渐获得加速，最后将链球掷出，链球飞行的远度取决于链球出手初速度和出手角度。初速度的大小与旋转的角速度和旋转半径有直接关系。因此，在投掷过程中要求运动员以最快的旋转速度、最大的旋转半径，获得最快的出手速度。通常把掷链球技术分为握持链球、旋转、最后用力和维持身体平衡四部分。

握持链球

握持链球时，通常采用扣锁式握柄方法。这种方法是将链球的把柄放在左手食指、中指和无名指的中段指节，末节收支关节弯曲成构型，勾握把柄。掌骨关节相对伸直。右手指扣握在右手指的指根部。右手的拇指扣握左手食指。左手拇指扣握右手拇指，两拇指交叉相握，成扣锁式握法。

旋　转

掷链球的旋转技术包括预备姿势、进入旋转和旋转几部分。

预备姿势和预摆

1. 预备姿势：运动员背对投掷方向站立在投掷圈后沿，两脚开立，距离同肩宽或略宽于肩，以合适运动员预摆和进入旋转为度。左脚站于靠近投掷方向中心线，右脚稍远。两膝关节弯曲，向前倾向右转，体重稍偏右，链球放在圈内身体右后方，两臂伸直。

有的运动员将链球放于体前圈外，身体稍前倾，两臂伸直。预摆时将链球提离地面，由体前摆至右后方，然后进行预摆，这样可使动作更加自然放松。

2. 预摆：预摆是从预备姿势开始，链球绕人体纵轴线由高点到低点的椭圆形运动。其目的是使链球获得适宜的预先速度，为平稳的进入第一圈旋转创造有利条件。预摆动作要做到放松、自然、协调，而髋关节对链球反拉方向的补偿动作在预摆中是十分重要的。投掷一般采用两周预摆。

第一周预摆动作是从两腿蹬伸、上体直立左转拉伸两臂开始的，使链球从身体的右后方沿向前——向左——向上的弧线运动。随链球向前移动，体重逐渐移向左腿。当链球摆至体前、肩轴与髋轴相平行，两臂充分伸直，随后链球向左上方运动。当链球摆到左侧高点时曲两肘，两手位于额前方。当链球同过预摆斜面高点后两臂逐渐伸直，体重一项右腿，左膝稍屈，肩轴向右自然扭转 70~90 度。此时链球由上经身体右侧向下摆至低点，然后紧接着开始第二周预摆。第二周预摆链球运行斜面一般与地面的夹角较小，速度加快，幅度增大，对人体的拉力相应增大。

进入旋转

当预摆最后一圈链球运行至中心线时，肩轴与髋轴平行，投掷者两膝弯曲，降低重心，两臂伸直成等腰三角形，两脚用左脚前掌于右脚的前掌内侧支撑转动，待链球向左上方高点时，重心右移，右脚蹬离地面进入单支撑旋转。

旋　转

旋转是掷链球的关键技术环节，通过旋转，使器械获得较大的运行速度，积累动量，并形成身体良好的"超越器械"，为最后用力创造有利条件。

旋转要求人体与链球形成一个整体，有稳固的旋转轴和较大的旋转半径，并要求在身体良好平衡的基础上，转换支撑形式，协调用力，逐渐加速，节奏明显。应充分利用爽直城市链球加速旋转，缩短单支撑时间，力求加长链球绕人体的旋转半径，加快旋转的角速度。

第一圈旋转是接最后一圈预摆开始的，当链球摆至身体右侧与肩平时，两腿弯曲，两臂伸直，球随骨盆与上体右转。当球运行至身体前方（中心线）肩轴与髋轴平行时，向左转髋，同时两脚开始左转，左脚以前脚掌、右脚以前脚掌内侧支撑地面，分别右转约 90 度和 60 度，上体随之向左转 90 度。甚至两臂随着身体的左转大幅度的将球送向左上前方，右脚随即蹬离地面，右腿膝屈靠近左膝绕左膝旋转，身体重心移至左腿，进入单支撑转动阶段。此时要特别注意重心的跟进，右脚要积极的蹬地，抬向左腿，使身体很快进入以左肩至左脚为垂直轴的转动。在球超过高点时，左脚积极转动，左膝加大弯曲并下压，右脚掌在指向 270 度的方向处积极着地完成第一圈的旋转。单支撑阶段的旋转，骨盆和两腿、两脚要特别主动，使链球在高点运行时能放出去，从高点向地点运行时能把链球拉回来，完成超越器械。

第二、三、四圈旋转

当代链球旋转中四圈旋转雨伞全旋转的技术结构基本相同，只是三圈旋转技术第一圈旋转节奏较快，四圈旋转技术链球旋转轨迹较长。四圈与三圈旋转技术的共同点是链球轨迹的斜面第一圈都叫平展，以后几圈旋转轨迹的斜面逐渐加大直到出手。

第二、三圈旋转与第一圈旋转有不同的要求，但动作基本结构相同。后三圈旋转主要是给器械加速，是人带球转，球运行斜面逐渐加大，髋要挺出去，是旋转沿左肩至左脚的垂直轴稳固加速旋转。

第四圈旋转是第三圈旋转有脚着地开始的。随链球加速下行，两脚和髋左转约四十厘米，使链球的低点处于身体的左下方。第四圈双支撑更加短暂，髋部前挺，紧接着就是左脚和右脚的旋转进入单支撑阶段，链球更早的进入上行路线。随链球上行右膝上抬内扣和靠近左膝外侧支撑的单脚支撑阶段，链球斜面比第三圈又升高。左脚外侧向左脚掌的旋转提前，右膝弯曲下压。在链球通过高点下行时，左膝蹲得较深。由于离心力的加大和转速的加快，躯干左倾角度加大，右脚着地更早（右脚着地约与左脚弓平行），此时身体处于左倾状态。

最后用力

最后用力是指链球技术的主要做成部分，直接关系到出手速度、角度和高度。最后用力是在最后一圈旋转单支撑结束右脚着地后开始的。最后一圈右脚着地，下肢动作充分超越上体和链球，髋轴与肩轴最大限度的扭紧，两肩两臂充分伸展，链球处在远离身体的右后上方，双膝弯曲，身体重心稍偏左。由于最后一圈转动速度较大，链球高速向下运行，身体重心右移，腰部与躯干带动链球向左扭转。当链球运行至身体的右前侧时，身体重心移至双腿，弯曲的双膝开始蹬伸，身体重心右移并升高，链球沿身体左侧弧线上升。此时左侧做强有力的支撑，右脚左转蹬送，躯干左转并挺伸，头部后仰，当链球快速运行上升至左肩高度时，两臂挥动将链球顺运行的切线方向和理想角度掷出。

保持身体平衡

为保持身体平衡和防止犯规，链球出手后要转体换腿，降低身体重心。

跳台训练

投掷链球和其他的投掷项目一样需要一定的下肢爆发力，但在3~4圈的旋转过程中也需要一定的静力性力量来维持人体的低重心。在练习下肢力量的方法中，传统的挺举方法非常有效。因此必须做一些双腿跳台阶、单腿跳台阶以及跳台时做"Ω"形旋转。

躯干训练

躯干起着力量传递的作用，因此躯干的力量训练不可忽视。旋转和屈膝的力量，可以通过负重旋转实现。

抗离心力的训练

投掷链球的基础因素就是要维持最大半径，要学会利用两膝的弯曲和臀部的"下沉"或"坐下"动作来对抗旋转的离心力。

协调训练

可以持金属板高于头像钟摆一样旋转，练习时要注意出手的方向、高度、角度和速度以及下肢的协调用力。

抓握训练

抓握的力量很重要，这可以通过多种方式发展。教练员应强调发展抓握的力量，一般采用的方法是：抓握 2 英寸长的小木棒、重沙包、金属板，抓握平放的杠铃片（内沿）。教练员应该讨论投掷时哪些部位该紧张，哪些部位该放松。

橡胶带练习

将橡胶带固定在胸部、髋部、膝部或用手进行局部专项动作对抗练习。

身体平衡训练

维持身体平衡性练习，单脚支撑，手持杠铃片或其他物体从一边向另一边旋转，经过一段时间后，手持实心球、轻链球做高于头部的旋转或轮摆练习，双手持链球旋转、单脚支撑可以做为趣味练习或做为对抗比赛练习。

训练保护

投网袋球或投其他适宜的物体，寻找一部分废弃的网球网、投掷带以及其他物体制造投掷器，当然教练员应该谨慎地设计和实施这些旋转投的方法。对于非职业运动员来讲，应经常采用软式链球，从而减少对场地的损坏。所有的试投应在专人的管理下从护笼内投出。不同长度的链子、软式链球外壳、把手、不同重量的链球等这些都是训练必备的。

投掷链球技术

教练员应从互联网上查看不同技术特点的技术图片，主要应观察如下几个方面：节奏和速度、姿势与身体平衡的维持、人体与链球的关系、上体的放松、旋转路径的控制、膝关节的弯曲、足部以及出手，这些动作都能被人眼看到或通过解析得出。

节奏与速度

节奏是由神经系统产生的，当运动员适应体育运动的节奏时，能产生良好的效果。当计时员开始计时，运动员开始做动作，在平时的训练中训练运动员移动的节奏，这非常重要，要记住的一点是并不是为节奏而训练节奏，训练节奏的目的是为了能够产生更大的出手速度。

身体姿势与维持身体平衡

开始时要培养运动员单腿支撑的能力，投掷链球的平衡在长期的发展中被称为"在火山口上跳舞"。由于投掷旋转而产生的离心力，这种离心力在所有的体育项目中很少见，对抗这种离心力可以通过身体姿势的改变来实现。然而靠用比喻或数字来说明这种平衡很难，这种平衡只可意会不可言传。教练员应该经常训练运动员的平衡性。

人体与链球的关系

人和链球应该保持成一个整体，这就是整体大于部分，各部分协调用力。

（四）上体适当放松：正确的技术能够最大限度地发挥人体潜能，这可以从上体的伸展程度看出。何谓正确的姿势？这很难定义，但投掷过程中要维持上体的适当放松。旋转带动鞭打，并且从旋转圆周的切线方向出手。

对躯干的控制

链球运动员因为他们的吼叫而出名。链球运动员开始试投时先吸一口气，增加胸内压，投掷时发出一声吼叫。这种吸一口气再投能有助于力量的发挥，鼓舞自己的士气。运动员稍微增加点速度，链球将增加更大的速度，这就像大齿轮带动小齿轮一样。产生的离心力越大投得越远，投掷时摔倒或者过分地向一侧倒肩，这是躯干力量差的表现。

膝关节的弯曲

每旋转一周时都有短暂的单腿支撑，在单腿支撑阶段，腿部力量差的运动员往往表现为直腿支撑来维持人体的重心。正确的放脚位置有助于产生正确的移动路线，假如足部没有预弯曲，则人和链球就不能保持成一个整体。通过大量的训练使得足部移动积极。短跑运动员也许用"蹬伸"这个词，而投掷运动员用预弯曲也许更准确，如果脚着地前没有预弯曲，这必然会浪费形成双侧支撑的时间，而那时球已通过了最佳的加速点。

出　手

投掷运动员应把握住最佳的出手时机，这一点运动员应精确考虑。在大赛中，护笼的开口都是相对较小的，一些数据表明，国际通用护笼开口为20度或者仅为有效落地区的一半。

远　度

有效试投的前提条件是从护笼内投出、合理的旋转技术、链球落在落地区内、没有超过试投时间，因此要注重运动员的比赛能力的培养。

长期计划

投掷链球技术非常特殊，为形成早期的动力定型。运动员和教练员应采用一般的训练模式——在大范围内采用不同的训练量和训练强度交叉进行。邦达丘克曾说过："掌握动作技术不能急于求成。"我们的领导应多组织链球比赛，从而吸引更多的年轻人参与投掷链球训练。有趣的是，动作细节抓得越细，投得越远。

链球运动员专项体能训练

体能是指身体具备某种程度的能力，足以安全而有效地应付日常生活中身体所承受的冲击和负荷，免于过度疲劳。链球专项运动员的体能是有足够的能量完成整个链球旋转过程的一种能力，它包括柔韧性、肌肉力量、肌肉耐力、速度、力量、灵敏性、神经肌肉协调性、平衡等。每个人的已有能量不同，而且已有的能量可以通过后天的锻炼有所提升。每个人的身体转化能量的速度不同，这也可以通过后天的锻炼提高。所以，每个人的体能都是不同的。但是，在一般情况下体能会随着年龄的增大和身体的生长而增大。

基础体能训练和专项体能训练的意义

基础体能的训练就是通过强化肌肉系统、神经系统等器官功能提高速度、力量和爆发力。可以最大限度地提高器官的功能，并不只限于与专项动作的直接结合，专项体能训练是与发展专项成绩关系密切的身体训练如专项力量、爆发力、速度和专项协调性等，但不能把器官的功能提高到极限。基础体能训练和专项体能训练都各有长短，如何把两者有机的集合起来是十分必要的，至于基础体能训练和专项体能训练进行的比例，应该根据个人体能的水平，以及比赛期和训练期的特点进行增减。

基础体能训练

链球运动员基础体能训练是以多种多样的练习方法，全面发展运动员的力量、速度、协调性、柔韧性和爆发力等身体素质。根据练习者的年龄、训练年限和水平以及各项素质发展的情况，应该在训练中有计划的安排基础体能训练的内容。

1. 速度的强化训练。发展运动员的动作速度和肌肉快速收缩能力是十分重要的，这是速度训练中要解决的主要问题，速度训练应以发

展运动员的速度素质及速度耐力为主，所采用的手段是短距离跑和各种跑的专门性练习，距离一般在 30 米或 50 米，还有快速半蹲和负重蹲跳等练习方法，都对提高链球运动员的速度有很大帮助。只有具备这种快速跑能力的人，才有可能进行投掷链球时高速旋转。

2. 弹跳力强化训练。运动员是否具备良好的弹跳能力对投掷链球技术会带来很大的影响：弹跳力好有助于提高旋转的稳定性，加大出手投掷的力量。提高弹跳力练习方法有很多种，可以通过跳栏架来提高链球运动员的弹跳力，栏架的高度可以按个人能力进行调整。跳跃栏架的方法可分为分腿跳跃、两脚向前伸展跳跃、跳跃转身等。各种跳栏架练习具有与多级跳同样的练习效果，其中立定五级蛙跳和立定五级跨步跳对发展链球运动员的腿部力量和弹跳力有很好的效果。

肌肉力量与爆发力练习

投掷链球属于速度力量性项目，要想取得好成绩，除了要完善技术外，还要有良好的身体素质，其中力量和爆发力尤为重要。投掷链球属于全身用力的项目，身体各部位主要肌群都参加工作，掷链球是要求在很短的时间内发挥最大的力量，因此运动员应该具备快速用力的能力，即爆发力。在发展链球运动员的爆发性能力过程中，提高其速度、力量是极其重要的。力量训练主要是发展肌肉的动作，提高肌肉力量必须增大肌肉的表面积。所以根据链球运动的特点，对链球运动员力量训练其分类主要有等长性收缩、短缩性收缩、伸张性收缩。

1. 等长性收缩。等长性收缩是指肌肉收缩时只有张力的增加，而无长度的缩短，这属于一种静力性肌肉收缩的方式。

2. 短缩性收缩。短缩性收缩是指肌肉收缩时长度变短，张力加大，比如持物上举，相互拉扯。

3. 伸张性收缩。肌肉在外力的作用下处于被动拉长的状态。如和手腕力量强的人扳手腕时发出的力就属于这种状态。

链球运动员在完成一系列的技术动作过程中，都包含着等长性收缩、短缩性收缩、伸张性收缩的肌肉工作形式。

专项体能训练

与基础体能训练相比，专项体能训练的目的是提高与专项有直接关系的体能。链球的专项体能训练就是投链球或者进行类似于投掷链球的动作，并且达到各种目的训练刺激。

1. 专项速度练习。提高专项速度可以利用比正规重量轻的链球，例如：可以投掷一些 *5* 公斤或者 *6* 公斤的链球，降低链球的重量从而提高链球的速度。又或者投掷短链球的方法，按照 *10* 厘米、*20* 厘米、*30* 厘米把链球的金属链缩短，以缩短旋转半径，加快旋转速度，提高专项速度。但是应注意的是在进行专项速度练习的过程中，使链球顺利加速是很重要的，否则会妨碍链球球体的转动节奏。

2. 专项力量与爆发力的练习。专项力量的提高，对肌肉刺激的面要广，强度要大。来增大肌肉生理横断面，从运动生理学角度分析，提高肌红蛋白和结合氧的能力，动员中枢神经同步激活的积极性。链球的专项力量训练，其主要针对身体的躯干和下肢，特别要注重提高下肢腿部大小肌肉和腰部肌肉的瞬间爆发力。链球的专项力量训练应该分为：耐力力量、速度力量、爆发性力量。耐力力量主要以小强度大训练量为原则，例如：负重半蹲跳和负重弓箭步跳强度可以在 *50%* 左右，训练次数在 *20* 次 ~ *30* 次之间为宜，用于增强链球的旋转的稳定性。速度力量主要以中等强度中等训练量为原则，例如：负重半蹲强度应该在 *60%* ~ *80%* 左右，训练次数在 *6* 次 ~ *8* 次之间为宜，用于增强链球旋转后的最后用力的蹬伸。爆发性力量主要以大强度小训练量为原则，例如：窄抓强度在 *80%* ~ *100%* 左右，训练次数在 *1* 次 ~ *3* 次之间为宜，用于增强最有用力的蹬伸和展体。专项爆发力的训练也可以采用 *8* 公斤、*9* 公斤、*10* 公斤的链球来练习，旋转的速度会因为

链球的过重而下降，这与爆发力没有必然的联系，所以必须适当的加速。采用大重量链球为旋转带来了很大的负担，迫使背部和两臂弯曲，导致整个技术失败，这一点应该注意。

在链球投掷过程中，在不降低速度的情况下提高力量，在不损害力量的情况下提高速度，或者二者同时提高，才能很好的提高链球的成绩。体能和投掷链球的成绩密切相关，要培养出优秀的链球运动员，并取得优异成绩，除了科学的选材，还要通过多年系统的训练，掌握合理的技术。投掷链球的成绩不能仅仅是具备好的体能就可以的，它还与技术及心理状态有很大关系。培养顽强的拼搏意识，树立攀登体育高峰的雄心壮志，严格要求自己，这也是提高运动成绩的基本保证。

3. 链球比赛规则

基本规则

1. 应抽签决定运动员试掷顺序。

2. 运动员超过 8 人，应允许每人试掷 3 次，有效成绩最好的前 8 名运动员可再试掷 3 次，试掷顺序与前 3 次试掷后的排名相反。如果在第 3 次试掷结束后出现第 8 名成绩相等，按规则第 146 条 3 处理。当比赛人数只有 8 人或少于 8 人时，每人均可试掷 6 次。

3. 比赛开始前，运动员可在比赛场地练习投掷，练习时应按抽签排定的顺序进行，并始终处于裁判员的监督之下。

4. 一旦比赛开始，运动员不得持器械练习。无论持器械与否，均不得使用投掷圈或落地区内地面练习试掷。

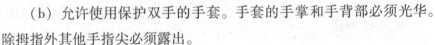

5. 应从投掷圈内掷出链球。运动员必须从静止姿势开始进行试掷。

在预摆和旋转前的开始姿势中，运动员可将球体放在圈内或圈外地面。

允许运动员触及投掷圈内侧。

6. 运动员进行预摆或旋转时，如果链球球体触及地面或铁圈上沿不判为犯规，但球体触地后，运动员停止试掷一边重新开始试掷，应判为一次试掷失败。

7. （a）不允许使用任何装置对投掷时的运动员进行帮助，例如使用带子将量各或更多的手指绑在一起。允许用胶布对个别手指进行包扎，但应在该项比赛开始前给该项目主裁判察看。除开放性伤口需要包扎外，不得在手上使用绷带或胶布。

（b）允许使用保护双手的手套。手套的手掌和手背部必须光华。除拇指外其他手指尖必须露出。

（c）为了更好地持握器械，允许运动员使用某种物质，但仅限于双手或手套。

（d）为防止脊柱受伤，运动员可系一条皮带或其他适宜材料制成的带子。

（e）不允许运动员向圈内或鞋底喷洒任何物质。

8. 运动员进入圈内开始试掷后，如果运动员身体的任何部位触及圈外地面或铁圈上沿，均为一次试掷失败。

9. 如果在试掷中本违反上述规则，运动员可中止已开始的试掷，可将器械放在圈内或圈外，在遵守本条第 13 款的前提下，可以离开投掷圈，然后返回圈内从静止姿势重新开始试掷。

注：本款中允许的所有行动应包括在规则第 142 条 4 中规定的一次试掷的时限之内。

10. 如链球在试掷时或在空中断脱，只要试掷符合规则，不应判为一次试掷失败，如果运动员因次失去平衡而犯规，也不应判为试掷失败。

11. 链球球体应完全落在落地区角度线内沿以内，试掷方为有效。

12. 每次有效试掷后，应立即测量成绩。从链球球体落地痕迹最近点取直线量至投掷圈内沿，测量线应通过投掷圈圆心。

13. 运动员在器械落地后方可离开投掷圈。离开投掷圈时，首先触及的铁圈上沿或圈外地面必须完全在圈外白线的后面。白线后沿的延长线应能通过投掷圈圆心。

14. 应将器械送回投掷圈，不许掷回。

15. 应以每名运动员最好的一次试掷成绩，包括因第一名成绩相等而进行的决名次赛的试掷成绩，作为其最后的决定成绩。

链球投掷圈

16. 结构

投掷圈应以带形钢、铁或其他适宜的材料制成，上沿与圈外地面齐平。圈内地面可用混凝土、沥青或其他坚而不滑的材料修建。圈内地面应保持水平，低于铁圈上沿 14 ~ 26 毫米。

17. 规格

投掷圈内沿直径应为 2. 135 米（15 毫米）。

铁圈边沿至少厚 6 毫米，涂成白色。

18. 从投掷圈两侧顶端向外各画一条宽 5 厘米、长至少 75 厘米的白线，此线可以画出，也可用木料或其他适宜的材料制成。白线后沿的延长线应能通过投掷圈的圆心，并与投掷区中轴线垂直。

可在铁饼圈内投掷链球，但圆圈直径须从 2. 50 米减为 2. 135 米。也可在铁饼圈内安放一个链球投掷圈。

链　球

19. 结构

链球应由三部分组成：球体、链子和把手。

20. 链球球体

应用固体的铁或硬度不低于铜的其他金属制成链球球体，或用此类金属制成外壳，中已灌铅或其他固体材料。男子链球的球体直径最小为 110 毫米，女子链球的球体直径最小为 95 毫米。链球球体外形应为完整的球形。

如果使用填充物，应使其不能移动，球体重心至中。动的距离不应大于 6 毫米。

21. 链子

应以直而有弹性、不易折断的单根钢丝制成。钢丝直径不小于 3 毫米，即回四号标准钢丝。投掷时链子应无明显延长，钢丝的一端或两端可弯成环状以便于连接。

22. 把手

把手可为单环或双环结构，但必须质地坚硬，没有任何种类的铰链连接。投掷时不得有显著延长。把手与链子的连接必须做到把手在链环中转动时，链球的总长度不得增加。

23. 链竿与球体的连接

链子应借助于转动轴承与球体连接，转动轴承可为滑动轴承或滚珠轴承。把手与链子的连接应为环状连接，不得使用转动轴承。

24. 链球应符合下列规格：

球体重心

球体重心至球体中心距离不得大于 6 毫米，将去掉把手和链子的

123

球体放在一个水平的、直径为 *12* 毫米的圆形口刃上，球体必须保持平衡。

25. 在规则第 *12* 条 *1*（a）的比赛中，只允许使用组委会提供的器材，比赛期间不得改变。不允许运动员携带任何器材进入比赛场地。

在所有其他比赛中，运动员可以使用自备器材，但在比赛前应经组委会批准，这些检查合格并做有标记的自备器材，所有运动员均可使用。

链球落地区

26. 已落地区在投掷方向上的向下倾斜度不得超过 *1：1000*。

应用煤渣或草地以及其他适宜材料铺设落地区，链球 落地时应能留下痕迹。

27. 应用宽 *5* 厘米的两条白线标出落地区，如将两条白线延长，则应以 *40* 度角相交于投掷圈圆心。

注：可用下列方法精确设置 *40* 度扇形落地区，在距投掷目圆心 *20* 米处，二条落地区角度线相距 *13.68* 米，即每离开圆心 *1* 米，落地区角度线的根距增加 *68.4* 厘米。

28. 可用醒目的旗帜或标志物标出每名运动员的最好试掷成绩，放置标志物时应沿落地区角度线的方向放在角度线的外侧。

应用醒目的旗帜或标志物标出最新的世界纪录，如在合适场合，也可标出最新的洲际或国家纪录。

第五章

铁饼运动的竞赛

1. 铁饼运动概述

铁饼运动的起源和发展

铁饼运动起源于公元前 12～前 8 世纪三个希腊人投掷石片的活动。公元前 708 年第 18 届奥运会将其列为五项全能项目之一。铁饼最初为盘形石块，后逐渐采用铜、铁等金属制作。现代奥运会史上，曾有过双手掷铁饼的比赛项目。掷铁饼技术经历过原地投、侧向原地投、侧向旋转投、背向旋转投几个发展过程。铁饼可用木料或其他适宜材料制作，如橡胶，男子铁饼重 2 公斤，直径 22 厘米；女子铁饼重 1.5 公斤，直径 18.1 厘米，中心用水填满。比赛时，运动员应该在直径 2.50 米的圈内将饼掷出，铁饼必须落在 40 度的角度线内方为有效。2002 年《田径竞赛规则》规定，从 2003 年 1 月 1 日起，铅球、链球、铁饼项目落地区标志线的内沿延长线的夹角，由原来的 40° 改为 34.92°。男、女铁饼分别于 1896 年和 1928 年被列为奥运会比赛项目。

铁饼运动是在投掷圈内通过旋转，用单手将铁饼掷出，比赛投掷距离的比赛项目。它有着悠久的历史，早在公元前 776～前 393 年的古希腊五项运动中，就有投掷铁饼比赛。希腊雕刻家米隆于公元前 5 世纪创作的"掷铁饼者"雕像，成为铁饼运动早期发展的历史见证。1896 年第一届奥运会，男子铁饼即被列为比赛项目；1897 年首次出现了旋转掷法；1912 年国际田联统一了铁饼的重量和规格；1928 年第九届奥运会上，女子铁饼也被列为比赛项目。现代铁饼运动于 20 世纪初传入中国，中国选手在世界大赛上率创佳绩，但仍与欧美等强国有一定差距。

在古希腊的奥林匹克运动会上，比赛所用的饼是用石头和青铜制作的，投掷是在石头台座上正面站立进行。随着实践经验的积累和器械、场地、规则等方面的改变以及科学的不断发展，投掷的技术有了很大的改进，投掷由过去的正面站立、侧向站立和换步旋转投掷等方式，发展成为背向旋转投掷的技术，现在又出现了宽站立、低姿势、背向大幅度旋转投掷的技术。

世界上第一个男子掷铁饼的正式成绩是一八九六年在第一届奥运会上创造的，成绩是 *29.13* 米（铁饼重量不详）。以后，年年都有提高，现在的世界男子掷铁饼纪录已提高到 *74.08* 米。

女子掷铁饼在一九二八年第九届奥运会上被列为正式比赛项目，当时的成绩是 *39.62* 米。一九五二年有人用新的背向旋转投掷方式取得了很好的效果，并以 *57.04* 米的成绩创造了当时的世界纪录，引起了世界各国掷铁饼运动员和教练员的重视。事物在不断发展，运动成绩在不断提高，一九八零年女子掷铁饼的世界纪录已提高到 *71.50* 米。

正式比赛中铁饼的重量男子为两公斤，女子为一公斤。内圈直径为 *2.50* 米，有效区角度为 *34.92* 度。

中国铁饼运动的发展

现代铁饼运动于二十世纪初传入中国；*1914* 年，男子铁饼首先成为全国运动会正式比赛项目；*1933* 年，女子铁饼也被列入。新中国成立后，铁饼运动，尤其是女子掷铁饼运动有了很大发展，中国选手在国际大赛上屡创佳绩。近年来，中国的铁饼运动水平略有滑坡，与欧美等强国还有一定的差距。

铁饼运动的场所和器具

铁饼比赛的投掷区的为直径 *2.50* 米的圆形区域，四周设有"U"型的护笼。铁饼为圆盘形，中间厚，四周薄，多以金属和木料制成；男子铁饼重约 *2.005 ~ 2.025* 公斤，直径 *21.8 ~ 22.1* 厘米；女子铁饼

重约 *1.005 ~ 1.025* 公斤，直径 *18 ~ 18.2* 厘米。

2. 铁饼运动规则

铁饼比赛规则

1. 应抽签决定运动员的试掷顺序。

2. 运动员超过 *8* 人，应允许每人试掷 *3* 次，有效成绩最好的前 *8* 名运动员可再试掷 *3* 次，试掷顺序与前 *3* 次试掷后的排名相反。如果在第 *3* 次试掷结束后出现第 *8* 名成绩相等，按规则第 *146* 条 *3* 处理。当比赛人数只有 *8* 人或少于 *8* 人时，每人均可试掷 *6* 次。

3、 比赛开始前，运动员可在比赛场地练习试掷，练习时应按抽签排定的顺序进行，并始终处于裁判员的监督之下。

4. 一旦比赛开始，运动员不得持器械练习，无论持器械与否，均不得使用投掷圈或落地区以内地面练习试掷。

5. 应从投掷圈内掷出铁饼。运动员必须从静止姿势开始试掷。允许运动员触及铁圈内侧。

6.（a）不允许使用任何装置对投掷时的运动员进行任何帮助。例如使用带子将两个或更多的手指捆在一起。除开放性损伤需要包扎以外，不得在手上使用绷带或胶布。

（b）不许使用手套。

（C）为了能更好地持握器械，运动员可以使用某种物质，但仅限于双手。

（d）为防止脊柱受伤，运动员可系一条皮制或其他适宜材料制成的带子。

（e）不允许运动员向圈内或鞋底喷洒任何物质。

7. 运动员进入圈内开始试掷后，如果运动员身体的任何部位触及圈外地面或铁圈上沿，均为一次试掷失败。

8. 如果在试掷中本违反上述规则，运动员可中止已开始的试掷，可将器械放在圈内或圈外，在遵守本条第 *11* 款的前提下，可以离开投掷圈，然后返回圈内从静止姿势重新开始试掷。

注：本款中允许的所有行动应包括在规则第 *142* 条 *4* 中规定的一次试掷的时限之内。

9. 铁饼必须完全落在落地区角度线内沿以内，试制方为有效。

10. 每次有效试掷后，应立即测量成绩。从铁饼落地痕迹的最近点取直线量至铁圈内沿，测量线应通过投掷圈圆心。

11. 运动员在器械落地后方可离开投掷圈。离开投掷圈时，首先触及的铁圈上沿或圈外地面必须完全在圈外摆线的后面，白线后沿的延长线应能通过投掷圈圆心。

12. 应将器械运回投掷圈，不许投回。

13. 应以每名运动员最好的一次试掷成绩，包括因第一名成绩相等而进行的决名次赛的试掷成绩，作为其最后的决定成绩。

铁饼圈

14. 结构

应用带形钢、铁或其他适宜材料制成投掷圈，投掷圈顶端应与圈外地面齐平。圈内地面应用混凝土、沥青或其他坚硬而不滑的材料修建。圈内地面应保持水平，低于铁圈上沿 *14~26* 毫米。

15. 规格

投掷圈内沿直径应为 *2.50* 米（正负 *5* 毫米）。铁圈边沿至少应厚 *6* 毫米，并应涂成白色。

16. 从金属圈顶两侧向外各画一条宽 *5* 厘米、长至少为 *75* 厘米的白线。此线可以画出，也可用木料或其他适宜材料制成。白线后沿的延长线应能通过投掷圈的圆心，并与落地区中心线垂直。

铁饼

17. 结构

铁饼的饼体可为实心或空心结构，应用木料或其他适宜的材料制成，周围镶以金属圈，金属圈边缘应呈圆形。外缘横断面应为标准原型，半径约为 6 毫米。铁饼两面中央可镶有与饼体齐平的圆片。也可不装金属圆片，但相应部位呈平面。铁饼的大小和总重量应符合规定。

铁饼的两面必须相同，制造时不得带有凹陷、凸起或尖缘。从金属圈边缘弯曲处至饼心的边沿，铁饼表面应呈直线倾斜，饼心的半径为 25 – 28.5 毫米。

应按下列规格设计铁饼剖面：

从铁圈弯曲处开始至铁饼最大厚度 D 处，铁饼的厚度应均匀增加，在距铁饼中轴轴心 Y 点 25 ~ 28.5 毫米处达到铁饼的最大厚度。从此点至 Y 点的厚度应该相同。铁饼的两面必须一致，铁饼在绕 Y 点轴旋转时必须对称。

铁饼包括整个铁圈和结点处在内应该光滑，铁饼各处应均匀一致。

18. 铁饼应符合下列规格：

19. 在规则第 12 条 1（a）的比赛中，只许使用组委会提供的器材，在比赛中不许改变。不允许运动员携带任何器材进入比赛场地。

在所有其他比赛中，运动员可以使用自备器材，但在比赛前应经组委会批准，这些检查合格并做有标记的自备器材，所有运动员均可使用。

铁饼落地区

20. 落地区在投掷方向上的向下倾斜度不得超过 1：1000。

应用煤渣或草地以及其他适宜材料铺设落地区，铁饼落地时应能留下痕迹。

21. 应用宽5厘米的白线标出落地区，其延长线应能通过投掷圈圆心，圆心角为40度。

注：可用下列方法精确设至40度扇形落地区，在距投掷圈圆心20米处，二条落地区角度线相距13.68米，即每离开圆心1米，落地区角度线的横距增加68.4厘米。

22. 可用醒目的旗帜或标志物标出每名运动员的最好试掷成绩，放置标志物时，应沿落地区角度线方向放在角度线外侧。可用醒目的旗帜或标志标出最新世界纪录，在合适场合，也可标出最新的洲际或国家纪录。

3. 铁饼运动技术

在正式比赛中，铁饼的重量男子为两公斤，女子为一公斤。内圈直径为2.50米，有效区角度为40度。

掷铁饼的技术动作分为握法、预备姿势和预摆、旋转、最后用力和维持身体平衡四个技术环节。

铁饼的握法

五指自然分开，拇指和手掌平靠铁饼，其余四指的最末指节扣住铁饼边沿，铁饼的重心在食指和中指之间，手腕微屈，铁饼的上沿靠在前臂上，持饼臂自然下垂于体侧。

预备姿势和预摆

预备姿势

背对投掷方向，两脚左右开立约一肩半，站于圈内靠后沿处的投掷中线两侧。两脚平行开立或左脚稍后，持饼臂自然下垂于体侧，眼平视。

预 摆

预摆是为了获得预先速度，为旋转创造有利条件。目前常见的预摆有两种。

左上右后摆饼法：开始时，持饼臂在体侧前后自然摆动，当铁饼摆到体后时，体重靠近右腿，接着以躯干带动持饼臂向左上方摆起，当铁饼摆到左上方时，左手在下托饼，体重靠近左腿，上体稍左转。回摆时，躯干带动持饼臂将铁饼摆到身体右后方，身体向右扭紧，体重处于右腿上，上体稍前倾，左臂自然微屈于胸前，眼平视，头随上体的转动而转动。

身体前后摆饼法

开始时，持饼臂在体侧前后自然摆动，当铁饼摆向体前左方时，手掌逐渐向上翻转，右肩稍前倾，体重靠近左腿。铁饼回摆到体后时，手掌逐渐翻转向下，体重由左向右移动，上体向右后方充分转动，使身体扭转拉紧。这种方法动作放松，幅度大。目前大多数优秀选手都采用它。

旋 转

预摆结束后，弯屈的右腿蹬地，上体向左转动，同时左膝外展，体重由右脚向边屈边转的左腿移动。接着两腿积极转动，并以左脚前脚掌为轴向投掷方向转动，身体向投掷方向倾斜，投掷臂在身后放松牵引铁饼。当左膝、左肩和头即将转向投掷方向时，右膝自然弯曲，以大腿发力带动整个腿绕左腿向投掷方向转扣（右脚离地不能过高），这时左髋低于右髋，身体成左侧单腿支撑旋转，接着以左脚蹬地的力量推动身体向投掷圈的中心移动，右腿、右髋继续转扣。当左脚蹬离地面，右腿带动右髋快速内转下压，左腿屈膝迅速向右腿靠拢，左肩内扣，上体收腹稍前倾。接着，左脚积极后摆，以脚掌的内侧着地，落在投掷圈中线左侧，圆圈前沿稍后的地方，身体处于最大限度的扭转拉紧状态，铁饼远远留在右后方，左臂自然微屈于胸前，为最后用力做好准备。

最后用力和维持身体平衡

当左脚着地时，右脚继续蹬转，使右髋积极向投掷方向转动和前送。接着，头向投掷方向转动，左臂微屈于胸前，胸部开始向前挺出，体重逐渐移向左腿。当体重移向左腿时，右腿继续蹬伸用力，以爆发式的快速用力向前挺胸挥饼。与此同时，左腿迅速用力蹬伸，左肩制动，成左侧支撑，使身体右侧迅速向前转动，将全身的力量集中在铁饼上，当铁饼挥至右肩同高并稍前时，用小指到食指依次用力拨饼出手，使铁饼顺时针方向转动向前飞行。

铁饼出手后，应及时交换两腿，身体顺惯性左转，同时降低身体重心，维持身体平衡。

4. 铁饼技术训练

铁饼自被列为正式比赛项目以来，在技术方面不断的发展演进，先后经历了原地投技术、侧向上步投技术、侧向旋转投技术和背向旋转投技术，在背向旋转投技术方面又出现了波浪式、踏跳式和背饼式等动作。从铁饼技术的演变过程我们不难看出铁饼技术是一项比较复杂的投掷技术，因而在铁饼训练方面就有许多值得斟酌和探讨的东西。我们知道影响铁饼投掷成绩的因素有许多，但最主要的因素是器械出手时的初速度和出手角度，所以我们在技术训练中一定要围绕这个中心展开。下面从技术训练的角度来谈一下如何提高和改进运动员器械出手瞬间的初速度和出手角度，旨在为铁饼技术训练，尤其是给基层训练提供一定的技术参照。

自从铁饼成为奥运会的正式比赛项目以来，许多专家学者对铁饼技术进行了研究和探讨。如日本、德国试用超背向旋转技术，原苏联的麦尔尼克采用左脚"链球式"进入旋转球，瑞典的布鲁克采用进入旋转甩右小腿的方法，而我国运动员则充分发挥自身灵巧、协调的优势采用两圈旋转技术，特别是 20 世纪 80 年代以来，我国研究人员运用生物力学对掷铁饼技术进行研究分析，并用三维摄影方法提供了我国优秀铁饼运动员的技术数据模型。

当前流行的铁饼技术

当前，国际上流行的就是我们常见的背向旋转掷铁饼技术。这种技术主要由握饼、预备姿势和预摆、旋转、最后用力和出手后平衡几个环节构成。这种动作外形上观察与以前相比没有明显的变革，从技术实质上注重简单实用，技术特点上各有自己的特点和风格。最后用力主要有两种方式，一种是男运动员多采用的"跳投式"，另一种是女运动员多采用的"支撑投"，当前大多数运动员的技术特点是：宽站立，低姿势，大幅度，起转缓慢，旋转平衡，衔接紧密，最后用力幅度大。通过铁饼技术的发展过程我们可以看出。铁饼在技术方面正朝着简单、实效、大幅、快速方向发展。所以，探索多技术环节的结构、节奏，使多技术环节形成最佳组合，充分发挥技术的整体效益就成了当前铁饼技术研究的重点。

铁饼项目的训练涉及到许多内容，如一般身体素质训练、专项素质训练、心理训练、恢复训练、技术训练、战术训练等等，每一个训练项目又包括许多内容。在这里我们只从技术训练的角度，更确切的说是从整合技术环节的角度来谈一下。这里所谓的整合技术环节是指认真专研改进各个技术环节，使每个技术环节更有利于发挥人体的综合效应，从而达到提高运动员成绩的目的。（注：在下面分析中以右

手掷铁饼为例）

支撑腿积极后插下放

很多运动员的摆动腿在完成大半径旋转、腾空、落地后，支撑腿往往是被动的下落，然后再进入旋转，一些基层教练员在训练中也往往只强调摆动腿在旋转中的蹬摆作用，而忽视了支撑腿在旋转过程中的作用。

我们来做这样一个实验：用相同的力量去分别旋转生、熟鸡蛋，你会观察到熟鸡蛋会快速、持续的旋转，而生鸡蛋却转得非常缓慢且会很快停下来。这是因为，熟鸡蛋从蛋清、蛋黄是相对凝固的整体关系，我们给蛋壳施加的旋转力直接传递到了整体。生鸡蛋由于流质状态的蛋清、蛋黄相对牵扯，把施加在蛋壳上的力很大一部分被消耗和抵消了。现在我们可以自己来体会一下，当我们完成预摆、左腿支撑旋转、右腿大半径"画弧"蹬地、腾空、右脚落地的瞬间，左腿即支撑腿要有意识的积极后插下放，然后蹬地旋转进入最后用力阶段。接下来再做一下支撑腿被动落地的动作，从中你可以感觉到支撑腿积极后插下放更有利于发挥人体的旋转速度。这就和生、熟鸡蛋实验一样，左腿的积极后插下放在很大程度上保证了技术的整体性，从而使掷铁饼的良好技术能更好的发挥。所以在铁饼技术训练中，我们不单单只强调支撑腿在最后用力阶段的作用，还要充分考虑支撑腿在旋转过程中的作用。

头部动作

在日常的技术训练中，好多教练都忽视了头部动作在整个技术环节中的作用，其实头部动作在铁饼技术中有着重要的意义，进一步说，头部动作的好坏将直接影响运动员的成绩。通过大量观察，笔者发现大多数优秀运动员的头部动作都有一个共同点，就是他们在旋转中不是简单的随同肢体运动，而是在方位变化过程中采用"摆头"的方式，即在肢体完成旋转后再迅速把头回摆至相应的方位，尤其是在铁饼将出手的瞬间摆头的动作更明显。通过人体力学分析我们可以看出

"摆头"动作对运动员的最后用力有着积极的意义，迅速的摆头可以迫使或激发运动员最后"振胸""甩臂"良好动作的出现，从而更有利于加大铁饼出手时的初速度。

最后用力阶段

左肩在最后用力阶段的动作技术对最终成绩的好坏起一定的决定性作用，对于这一点每个人都不会否认，但是左肩在投掷过程中到底应该怎么做？这恐怕是好多人在探究的问题了。下面笔者简单谈一下自己的认识，我们知道在投掷项目中有一个很重要的原理，那就是超越器械原理，可以说超越器械的好坏直接影响着投掷成绩的好坏，而超越器械的好坏与左肩的动作有密切的关系。超越器械要求下肢运动的速度快于上体的运动速度，在投掷运动中好多运动员很难很好的做到这点或做得不充分，原因在于他们上体运动的速度过快。如果我们在掷铁饼最后用力时，有意识的把左肩向右收紧，使非投掷臂向右后方贴近身体，直至在最后出手瞬间将左肩突然制动的话，就会比较容易的形成掷铁饼所要求的超越器械。这样做还可以更好地使上体与下肢形成扭紧状态，从而有利于发挥人体的旋转速度，进而可以提高铁饼出手瞬间的初速度。

投掷臂动作

投掷臂的动作会直接影响铁饼运动的轨迹，良好的投掷臂动作应该是在获得尽可能大的旋转速度上，保持饼与投掷臂的离心自然状态。所以在整个铁饼技术中投掷臂动作是非常关键的一环，如果这一环掌握的不够，结果只有一个，那就是前功尽弃。这一点在投掷项目中非常普遍，我们经常可以看到这种情况：运动员预摆、起转、腾空、落地、蹬转用力、挺胸、收腹做得都不错，但最后铁饼的运动轨迹却很糟糕。原因就在于他们忽视了投掷臂的动作，在整个投掷过程中投掷臂处于高度紧张状态，不能够放松因而也就不能很好的把投掷臂自然留住（这种自然留住就是良好的投掷臂动作），进而影响到最后用力中投掷臂的鞭打动作。所以在技术训练中我们一定要注意强调投掷臂的放松，也就是说从肩关节开始放松，要求做到身体开始旋转后，能保持良好的投掷动作。对于投掷臂最后用力的鞭打动作主要强调的是减小铁饼运行半径，从而使铁饼获得更大的速度，在这里就不过多的叙述。

培养自身技术风格

所谓的技术风格，是指某运动员或某运动队的技术系统，区别于其他运动员或运动队的技术系统的，较为成熟和定型化了的，经常表现出来的特征。培养适合运动员自身的技术风格有重要的意义，以丘钟惠为代表的一些专家学者曾指出，"培养什么样的风格，关系到运动员（发展的）方向和可能达到的水平……"，也就是说合理科学的技术风格可以促使运动员更好的发挥自身的水平，进而使运动员的成绩达到一个理想的高度。事实也证明，"一名缺乏鲜明技术风格的运动员，要攀登世界技术高峰是十分困难的"，所以好多人把技术风格称之为运动技术的"灵魂"。在铁饼技术训练中也一样，我们必须根据运动员的特长技术，神经类型（气质类型）以及种族特征等相关因素，找到并培养适合运动员自身特点的技术风格。

在铁饼技术训练中要多采用一些直观的手段，有条件的话，最好采用录像法，把运动员的技术动作进行录像，然后与运动员一起进行观察分析，使运动员对自己的技术动作有一个清晰的认识。条件不具备的话，可以采用面对镜子训练的方法，总之在训练中一定要让运动员及时了解自己的技术情况。

最佳出手角度的大小与出手高度和出手初速度有关，但影响最大的是出手初速度，速度越快，出手角度也相应较大，在训练中要从运动员的实际情况出发，找到适合运动员自身的最佳角度。

在技术训练中要特别注意那些看似无关紧要的动作或部位，如文中所述的头部动作，左臂与非投掷臂动作和支撑腿积极下放后插的动作等等，善于从中找到运动员技术结构中的薄弱环节，注意"木桶原理"对技术环节的影响，好的成绩往往不是取决于水平最高的特长技术，而是取决于其他水平相对较低的技术。

在技术训练中充分发挥语言的优势，及时提醒运动员的关键技术，强化语言刺激对运动员技能形成的作用。使用时要求口令清晰简单，切中要害。

在技术训练中善于发现和培养适合运动员自身特点的技术风格。

运动员力量训练

力量是铁饼运动员的基础，有力量才能有实力，运动成绩的增长，首先是力量实力的增长。因此必须全面地、均衡地发展队员身体各部位以及大小肌肉群的力量。否则，畸形发展将导致技术动作的破坏以及影响作用力的传递和全身力量的充分发挥。铁饼运动员力量训练的方法如下：

腿部力量

1. 肩负杠铃深蹲；

2. 肩负杠铃半蹲；

3. 负重提踵。

躯干扭力力量的练习

1. 负铃转体；

2. 负铃侧屈；

3. 负铃坐姿势转体。

背肌的训练

1. 弓身屈臂提铃；

2. 直腿硬拉；

3. 引体向上；

4. 负铃屈体；

5. 屈体转。

肩胸部肌肉训练

1. 卧举；

2. 斜板推举；

3. 斜板侧举。

此外，还有臀部肌肉弯举训练、弹跳力训练以及按专项技术进行投掷比标准器械重的铁饼、铁棍、铁球、杠铃片、哑铃，壶铃等重物的训练等。

对队员选材时，在力量方面要作一个全面的"诊断"。首先看肌肉力量是不是发展均衡在同一阶段，解决这一问题，以防以后影响技术结构。再有就是由于中学生训练时间有限，所以训练时要采用组合训练。上下肢、躯干结合起来做，既保障了训练时间，又使肌肉得到训练。

高中阶段的力量训练主要以改变肌纤维的结构为主，也就是小强度多次数的力量训练，减少大负荷力量训练的比率。高三时可增加大负荷力量训练。每周力量的强度负荷要有节奏地变化。

运动员强度训练

铁饼速度训练主要以动作速度训练为主。主要方法和手段是减少投掷器械的质量，如利用一些小木棍和改变化的环境，如在下坡的地方做旋转。多做一些跑得专门性练习和短距离的加速跑。

另外，还要进行柔韧性和协调性的训练。柔韧性和协调性的训练方法可利用早操和预备活动把这几步预备好，做一些舒展性练习和一些体操动作。

中学生投掷项目的业余练习

投掷项目是一项力量、速度和对运动员的技术性要求很高的运动项目。投掷项目最大的特点是在快速的运动中把手中的器械投掷到最远，因此，必须通过对运动员的力量，速度和专项技术进行科学、系统、有效的训练才能达到最高程度。中学生的投掷项目主要包括铅球，铁饼和标枪。

中学生投掷项目运动员的选材

1. 中学生投掷运动员的选材的作用。中学生投掷运动员的选材就是选拔运动能力强，有发展潜力的优秀人才。选材包括两点，一是测评。二是定向。测评就是指运用现代化科学技术和方法将适龄者身体形态、生理、生化、心理、过程等方面的特征测量出来。我们基层选拔投掷运动员基本上以身体形态为主，再加运动能力程度。定向是指根据测评结果与专项特点猜测未来的竞技能力。

2. 投掷运动员选材阶段的对象及任务。初选阶段，对象一般年龄在 *13* 岁以上的少年运动员，任务是未经过运动训练的青少年中，挑选出那具备运动天赋的儿童从事田径项目的训练。重点选拔阶段，对象一般指年龄在 *17* 岁以上的青少年运动员，任务是选出那些在运动实践中表现出较强的运动能力，在身体各方面都达到较高程度。

3. 中学生投掷运动员选材的基本内容与方法。初选阶段一般在 *13* 岁以上，身体要高大，比同龄突出，坚固有力，动作速度快，敏捷性，协调性强和意志刚强的运动员，但主要是体能，同时要看身体形态和素质，包括身高，体重，臂展的预测。

预测体重，体重说明身体的质量，营养状况和力量潜力等。在选材中同身高一样占据重要地位，一般采用百分比测试法进行预测。如，一个女孩 *14* 岁体重 *70* 公斤，则成人时体重 = 70/90.7。但由于多种因素影响，体重可变性很大，但我们在选材时一般留意身体匀称，坚固有力的青少年。预测臂展，臂展不仅直接影响投掷的工作距离，而且还与肌肉的绝对力量有关系，但也可以用百分比测试法进行预测。一个男孩 14 岁身高 1.78 米，则成人时身高 = 1.78/96.3。初选阶段虽然以身体形态为主，但也要留意人体机能和各种素质。如对器械的良好感觉，心理素质，还要对他（她）的家庭和遗传进行分析，这对未来发展应该很有帮助。

重点选拔阶段，一般为 17 岁以上的青少年运动员。这阶段一般从三个方面进行分析与调查。

（1）运动员身体发展状况，运动员的身体形态，投掷技能机能程度和各项素质是否平衡发展，假如在某一方面有缺乏，应在训练中补上。

（2）专项技能和各项素质提高，提高的速度不仅能说明目前的才能和勤奋程度，而且可以预见其发展趋势，应该将那些提高速度快，勤奋，好学，有发展潜力的青少年为选材重点对象。

（3）良好的心理素质能力，这一阶段的青少年承受着巨大的训练压力，我们教练应留意平时他（她）的表现情况，包括意志品质，控制能力，拼搏精神和赛场发挥等方面的表现，从而在以后的各项比赛中发挥更好的程度。

4. 中学生投掷运动员选材注重的事项：

（1）选材要分清年龄。

（2）选材时要有针对性，突出重点。

（3）科学选材与经验选材相结合，达到选材的最佳效果。

中学生的投掷训练

1. 起初训练。当选好运动员后，就要开始训练，训练过程是一个科学性，系统性，艰苦的过程，而最初训练的效果是成功的一半。那么怎样才能把起初的训练安排好呢？狠抓素质训练，着重打好基础，身体素质是专项技术动作的基础，身体素质薄弱，训练无从谈起，专项技术动作很难高效率的完成，所以在训练安排中，前面的主要任务是降低体重（体脂），就是把多余的脂肪在训练中一点一点消除，逐渐达到身体匀称，强壮有力，然后是提高心肺功能，发展短距离速度和协调性，并且要兼顾下肢支撑力量的训练，在速度训练中要结合他（她）本人的身体特点及体重，各关节肌肉韧带力量薄弱等实际情况安排训练，逐渐加大。

训练初期，由于年龄小是专项练习的最佳时期，速度的练习是专项最要害的因素，所以速度练习每周安排 3~4 次，每次组数安排 5~6 组，每组间隙 4~5 分钟，如 30 米 ×3 组，60 米 ×3 组，100 米 ×2~3 组。而心肺功能训练主要安排有氧训练，每周安排 2~3 次，每次 1500~2000 米。也可以安排篮球，立定跳远，跨栏等辅助训练内容。

协调性，柔韧性在投掷运动员训练中也至关重要，特殊是标枪运动员对协调性，柔韧性要求很高，一般每周安排 1~2 次，每次 15~20 分钟，安排压肩，拉肩，向前，向后，向左，向右，躯干大幅度回旋，压腿，踢腿，压脚尖，交叉步等，来提高身体的协调性，柔韧性，也可以在专项和放松训练中进行。在起初训练中难免会出现运动员对训练的恐惧心理，思想上放不开，不敢练，不能顺利完成训练任务，所以我们教练员要鼓励，加强与运动员的沟通与交流，并且在训练中互相评价，自我评价，找出问题，及时在训练中解决。

2. 中期训练。通过起初的训练，身体素质以达到一定的程度，这样就可以顺利的过度到专项技术中，在比赛中，我们时常会发现，高程度的运动成绩一般都是专项技术全面的运动员创造出来的，因此在训练中要把完整的技术动作作为训练的重点。

专项技术中可以进行实心球原地完整技术的投掷，原因是：一巩固技术，二训练专项技术，使投掷运动员在各方面都有很大的进步。如技术的要领，器材投掷的方向，自信心等。辅助练习在专项技术动作训练中也十分重要。以铅球完整动作为例，首先练习的是摆动腿预向后蹬伸成交叉步，然后再过度到以支撑脚的移动滑步，再进行蹬转，

142

挺髋动作，最后用力和缓冲练习，这几个完整的分解徒手动作就是让学生在技术训练中体会自下而上的用力过程。再如铁饼训练，右手持杠铃片预摆，躯干最大限度扭紧，反复做 10～15 次×3 组，然后进行转髋练习，反复练习 15～20×4，再进行轻杠铃片转右腿，右髋练习，反复 10～15 次×4，这几个完整的辅助分解动作，对铁饼的主动发力和转体挥臂的准确姿势稳定有很大的帮助。但选择杠铃片不能过重，过大，要先轻后重，强度由小到大，每组训练要有明显的间隙时间。

中学生投掷运动员的力量训练

肌肉的收缩力量，收缩速度和收缩耐力是体育运动突出的特点。肌肉力量的增强对提高运动成绩起着显著作用。力量训练包括一般力量训练和专项力量训练，专项训练是核心，作为投掷运动员，要想创造高程度的运动成绩，只靠专项技术没有强盛的力量作保证是困难的，而力量又必须有合理的专项技术才能表现出来，特殊是在已经把握合理的专项技术这个阶段，要齐头并进。力量训练我们现在应该放弃传统的方法，传统的力量训练主要有，杠铃的抓举，挺举等，重量增大，次数减少，对肌肉的刺激不够，进步速度慢。

在这阶段最好用极限力量的训练方式，极限训练方法是指在力量训练过程中，以极限强度为主，即每组进行一次，且组与组之间重量幅度增大，极限强度出现在前 1/3 组次里，并以极限强度 10% 的重量再进行 1/3 组次的练习，然后速度力量，耐力力量和绝对力量再进行后 1/3 力量的练习。如 17 岁以上青少年卧推 100 公斤，那么先以极限强度 50% 重量进行练习，后 70 公斤，80 公斤，90 公斤，100 公斤 1次/组，然后 100 公斤 1 次/2～3 组，再 110 公斤，120 公斤进行 1～2次/2～3 组练习，通过这样的极限力量训练，一使肌纤维变粗，二使参与动作的肌肉力量增大，三对冲动神经进行刺激，肌肉使用的效率就高了，效果也就大了。

投掷运动员还要进行专项力量训练，这主要是提高肌肉的爆发力和快速收缩能力，一般方法有：跳跃练习，立定跳远，立定三级、五级、十级跳远，还有单足跳，跨栏，跳台阶，跨步跳，负重练习，负重高抬腿，负重大步跑，负重深蹲等。但也要注意运动员的年龄，性别，训练程度，不能生搬硬套，特殊是基层训练，一定要根据每个运动员的特征，制定出不同的训练强度，同时做好每次训练的笔记和小结，及时把握每个运动员的状态及精神面貌，使训练效果达到最佳。

投掷运动员的辅助训练

一般力量和专项力量练习后，肌肉都有不同程度的紧张，接下来我们需要做一些舒展性拉长性的练习，如400米变速跑，100米快跑，100米慢跑，高抬腿，大步跑等，这个不仅对肌肉形态会起良好的促进作用，而且可以消除肌肉的疲惫。使肌肉得到及时的放松。整个训练结束后，还要进行放松练习，放松主要针对下肢与上肢，如慢跑，放松游戏，局部按摩等。同时要补充营养，如蛋白质的补充，肌酸的补充，还有在运动后半小时之内补充足够的糖和多肽，它对促进运动后肌肉微损伤的修复具有非常明显的作用，没有疲惫的训练是无效的训练，而疲惫后没有恢复是有害的训练，对于力量训练同样如此。

综合上述，如何提高中学生投掷运动员的运动成绩可以概括为：选材是基础，力量是重点，技术是难点。我们要遵循科学的训练方法，一步一个脚印，高程度的运动员一定能培养出来。

背向旋转掷铁饼技术口诀（右手为例）

背向站立圈后沿，挥臂摆饼经体前，

重心左移做旋转，右腿提摆肩领先，

左脚为轴体左转，身体腾空两腿换，

右脚落地接蹬转，左脚支撑胸抬展，

用力挥臂髋送前，维持平衡两腿换。

第六章

标枪运动的竞赛

1. 标枪运动概述

标枪运动的起源

标枪，作为一种田径项目，是一个比较复杂的多轴性旋转项目，它的全称应该是"掷标枪"。更快、更高、更强，是奥林匹克运动的格言和不断追求。而在标枪的运动中，人们一边设法提高标枪的"滑翔性"，一边却通过精密的计算来降低掷标枪运动成绩，这应该说是一件很有趣味的事情。

掷标枪运动具有悠久的历史。在古代，人们就用类似标枪的器具作武器去猎取野兽，后来成为战争的武器。我们也可以把它称作投枪。投掷标枪作为古代奥运会的正式比赛项目是在公元前708年的第18届古代奥运会，而且属于古代"五项竞技"之一。1792年瑞典的法隆开始举行标枪比赛。到了1886年，在斯堪的纳维亚国家（芬兰、瑞典）的运动会上，瑞典运动员以35.81米的成绩首创男子掷标枪记录。男子标枪和女子标枪分别于1908年和1932年被列为现代奥运会比赛项目，1960年列为奥运会正式比赛项目。

标枪的发展历史

标枪是一种带镞的短投掷梭标，又称"投枪"、"投矛"、"短矛"、"镶枪"等。巧镞和骨标枪、在旧石器时代（石器时代晚期）为狩猎武器。铁镞标枪在古希腊和古罗马军队中曾装备过。希腊斯巴达人的轻装步兵可将标枪投掷20~60米远。古罗马重装步兵的投矛长约

1.5～2米，重4～5公斤，其投矛有很长的铁尖安在木柄上，投掷30米。为使标枪投掷得更远，（达70～80米），有的标枪上装有皮带环，以使投掷力键增加，在尚不懂使用弓箭的部落（澳大利亚人）和不使用弓箭的部落（阿留申群岛人），标枪是一种基本的投掷武器。在西欧，标枪一直流传至中世纪。在俄罗斯，标枪即为短投枪。在《梆戈尔远征记》一书（公元12世纪）中首次提到标枪。在中国原始社会已有标枪，但到宋代才成为军队常规武器，又称"梭枪"。元朝蒙古军善用标枪，竿短另尖，枪有四角形、三角形、圆形数种，多数两端有刃，既可以马上刺敌，又可抛掷杀敌。明代军队中有一种两头带刃的标枪，长68厘米，枪刃长23力厘米。尖尾长7厘米，两头尖，中间粗，因有长箭，两端都可以刺人，便于投掷。清代的标枪多用木竹为柄上加铁镞，略如明制。还有一种卫体用的标枪，枪竿较短，镞长6寸，木柄竿长1.8～1.9尺，重不到2斤。纯铁打造的标枪更短，全长不到2尺，重不过4斤，技艺精熟者可于50步内投中敌人。

标枪是人类历史上有可靠依据的最早的远程兵器之一。从原始社会开始，它就被用作重要的狩猎工具。标枪一般由有镖头和枪竿组成，有些装有起平衡作用的尾翼。镖头由金属打制而成，一般有锥形和长水滴形等形式，套装在枪竿上。枪竿通常用硬木、竹竿或金属制成的。在战场上，标枪常常与盾牌配合使用，以弥补近身武器的不足。随着弓弩的出现，标枪的使用开始减少，但是直到13世纪，标枪仍然是世界许多国家军队的制式装备。

古希腊时代，在古代奥林匹克运动中，人们就已经开始将标枪助跑投远和原地投准作为竞技项目。在完全退出军事舞台之后，标枪成为了一个纯粹的田径运动项目。1792年，瑞典举行了世界上的第一次现代标枪比赛。男子标枪和女子标枪分别于1908年和1932年被列为现代奥运会比赛项目。体育运动中的标枪一般用金属材料或碳素纤维制成，两端尖利，男子标枪重 800 克，长 260 到 270 厘米；女子标枪重 600 克，长 220 到 230 厘米。

古代人类用长矛猎取野兽

起源于古代人类用长矛猎取野兽的活动，后长矛又发展成为作战的兵器。公元前 708 年被列为第 18 届古代奥运会五项全能之一。现代标枪运动始于 19 世纪的瑞典、希腊、匈牙利和芬兰等欧洲国家。1792 年瑞典的法隆开始举行标枪比赛。最初运动员使用的木制标枪前后一样粗，20 世纪 50 年代初，美国标枪运动员赫尔德（Franklin Held）研究出两端细、中间古人类用的长矛粗的木制标枪，延长了标枪在空中飞行的时间，因而被称为"滑翔标枪"。60 年代瑞典制造出金属标枪，使标枪的滑翔性能更强，大幅度提高了运动成绩。1984 年民主德国运动员霍恩（Uwe Hohn）以 104.80 米的成绩打破世界纪录。国际田联为保证看台观众的安全，1986 年将男子标枪重心向枪尖方向前移 4 厘米，以降低飞行性能，1999 年又将女子标枪重心向枪尖方向前移 3 厘米。标枪可用金属或其他适宜的类似材料制作。男子标枪重 800 克，长 260～270 厘米；女子标枪重 600 克，长 220～230 厘米。比赛时，运动员必须单手将标枪从肩上方掷出，枪尖必须落在投掷区角度线内方为有效。男、女标枪分别于 1908 年和 1932 年被列为奥运会比赛项目。

石器时代的石矛

考古研究发现，从旧石器晚期开始，我们的祖先就学会了制造复合工具，其中石矛是出现较早的武器。如果将石制的尖状器装置在木棍上，即可制成刺击用的矛或投掷用的标枪。但是，有些石矛首与矛形石簇很难分辨，因为安长柄以刺者为矛，安半长之柄以投者为标枪，安短柄以射击者则为箭。然而，历史的遗迹则表明，自远古以迄商周，标枪确为我国劳动人民狩猎的劳动工具和作战的远射兵器之一。

中国标枪的使用

　　我国的大部分地区或民族普遍将标枪作为生产劳动的工具和自卫作战的武器。云南、贵州等西南各省少数民族所用的标枪，大都体质轻小而铁镞极为尖锐，枪竿用竹者多，用木者少，而不以铁制。有的枪镞即以竹木削尖为之，甚为便利节省，而杀敌功效不减。苗族和瑶族有时敷毒于枪尖，凡中标者性命难保。即使标枪上不敷毒，其射程之远，射力之猛，投掷之准，亦能洞胸穿首。羌族标枪形似无羽之箭，镞体细长，安镞之端尤细，非精于此道者难于有效地运用。明徐弘祖《徐霞客游记·黔游日记一》记其旅途所遇之事云："忽有四人持镖负弩，悬剑囊矢，自后奔突而至。"福建一带的人民自古擅用标枪，且善于水战。《明史·兵志三》载："闽漳、泉习镖牌，水战为最。"明方以智《通雅·器用》："今滇兵皆用标枪空掷，谓之标子。"清纳兰性德《渌水亭杂记》："獠童兵器，每洞各习一种，其习标枪者铁刃重二斤。"以上事例充分说明我国南方地区自古以来不仅擅用标枪，而且不同民族各具特色。

　　东北边疆各族所用的标枪，形制较为笨重，镞刃较为宽大，既不类似西南地区，也不似西北蒙古族及回族之具。如生活在松花江一带的赫哲族等部落所用的标枪，通常近 1 米，铁刃长约 40 厘米，竿为木制。双形首如三角平体箭镞，腰细而尾复宽，如蜂腰形，腰有一小铜箍，尾亦有一较大的铜箍，另有三铁片，刃尾接竿处缀有红布。此种标枪近于投掷标枪矛形或长枪形，其刃镞颇长，可兼作刺兵之用。这或许是因为东北人身高力大，善于马上作战，或为掷敌之具，平地使用则须经过较长时间的练习适应。我国许多少数民族常年生活在深山丛林之中，制作和使用标枪的技艺世代相传，一直延续至今。

　　在周代的战术中，双方激战往往先发矢射远，继以标枪互掷，然

149

后冲锋陷阵，短兵相接。但是，周代以至唐代的史籍中极少提及标枪，可能与这段历史时期军旅作战过于依赖弓弩有关。然而，用以投击的矛或可视之为标枪。《史记·匈奴列传》："其长兵则弓矢，短兵则刀。"裴集解引三国吴韦昭曰："形似矛，铁柄。"这种铁柄短矛，近战中可用之以刺，亦可投击。又《晋书·苏峻传》记载："（苏峻）与数骑北下突阵，不得入，将迴旋白木陂，牙门彭世、李牵等投之以矛，坠马，斩首。"《宋文鉴》卷七周邦彦《汴都赋》记载北宋开封禁军"于是训以鹳鹅鱼丽之形，格敌击刺之法；剖微中虱，贯牢彻札；挥铊掷，举无虚发"。铊是一种短矛，是一种铁枪，都是用于投掷的兵器，在北宋军队中极为流行。另外，北朝时还出现过一种火，是在短矛上缠绑燃烧物，点着后掷向敌方，用以破坏敌人的战具。《周书·王思政传》记载，西魏王思政守颍川时，东魏高岳率十万大军围攻，高岳"随地势高处，筑土山以临城中。飞梯火车，昼夜攻之。思政亦作火，因迅风便投之土山。又以火箭射之，烧其攻具"。这些短矛的灵活运用，丰富和发展了标枪的使用技法。

宋代以后，标枪被列为军中的常规作战兵器。宋高承《事物纪原·戎容兵械·旁牌》："《宋朝会要》曰：太宗闻南方以标枪旁牌为兵，令萧延皓取广德军习之。军士之用标牌，此其始也。"宋王应麟《玉海·兵制四·咸平广捷兵》亦云："先是帝闻南方以标枪旁牌为兵器，命有司制之。"宋代的标枪又称"梭枪"，长数尺，原为南方少数民族使用的兵器，步战时为旁牌手并用。《水浒传》59回中号称"八臂哪吒"的李衮能使一面团牌，手中仗一条铁标枪冲锋陷阵，立体地再现了标牌的使用方法。并且标枪也为骑战者所用，称为"飞枪"。《水浒传》70回中的花项虎龚旺，就会马上使"飞枪"。

元代蒙古骑兵善用标枪，风格独特而技艺尤精。他们使用的标枪既可两头刺敌，又能投掷杀敌，在战场上发挥了巨大作用。所用的标枪有三种：其一名"欺胡大"（Tschehonta），其体甚长，向前之刃作三角形，竿尾之刃作花瓣形，两头均可刺敌，亦可投掷杀敌。其二名"巴尔恰"（Barchah），体亦长，向前之刃近于斜方形，竿尾之刃作圆头钉形，两头可刺，亦可掷杀敌人。其三名"三尾掷枪"，向前之刃作圆头钉形，竿尾有三尖刃，不在尾端，而装置于尾旁，似有箭羽的作用。此种标枪之体较短，虽亦可在马上刺敌，但其作用纯为抛掷杀敌之远刺器，故称"三尾掷枪"。

明代军队中使用的标枪，枪竿以缠软的稠木或细竹制成，长约7尺，前粗后细，铁锋重大，因重心在前，所以投得远，一般以30步为基本要求，准而有力。还有一种两头带刃的标枪，长68厘米，枪刃长23.5厘米，尖尾长7厘米，两头尖，中间粗，如长箭，两端均可刺人，便于投掷。明代沿袭宋代遗制，军队非常重视标枪，而且强调步战使用必与藤牌相配。明茅元仪《武备志·军资乘·器械三》："梭枪长数尺，本出南方蛮獠用之，一手持旁牌，一手以制人，数十步内中者皆踣。以其如梭之掷，故云梭枪，亦云飞枪。"为鼓励士卒平时刻苦习练标牌技术，军中还设立了明确的测试规定和奖惩办法。戚继光《纪效新书·比较武艺赏罚》："试标枪，立银钱三个，小三十步内命中，或上、或中、或下，不差为熟。"练习和测试的办法除单独投掷标枪外，还须持藤牌投掷。故文中又曰："试藤牌……令持标一枝，近敌打去，乘敌顾摇，便抽刀杀进，使人不及反手为精。"何良臣《阵记》卷二《技用》还说："……标中银钱者，以银钱赏之。三限不中者，罚而复责。惟三标百试不差者为奇异。"标枪在明代也曾用于水战，并从作战实践中总结出"标枪非船相逼不可用，往下打更难准"的经验教训（《三才图会·器用》卷六）。

清代军中使用的标枪形式多样，而多以木竹为柄，上加铁镞，略如明制。还有一种卫体用的标枪，枪竿较短，镞长6寸，木柄竿长

1.8～1.9尺，重不到2斤。纯铁打造的标枪更短，全长不到2尺，重不过4斤，技艺精熟者可于50步内投中敌人。清王《兵仗记》："执牌人所用者为标枪，若梭枪。捣马突枪、犁头标、紫金标则其类也。"清代绿营装备有手镖、犁头镖、铁斗镖等标枪，形制较明代为短，多系水师用之。

以上大量事实充分说明，我国古代人民不仅自古以来就会制作和使用标枪，而且各个民族和不同的历史时期各有特色。与西方社会不同的是，它没有发展成为一项竞技运动，而是作为一种武技延续至今。当然，现在中原一带已难觅其踪影，但在一些边远的少数民族地区仍然保持着它的原始风貌。

标枪的形状与材质

最初运动员使用的木制标枪前后一样粗，20世纪50年代初，美国标枪运动员赫尔德 研究出两端细、中间粗的木制标枪，延长了标枪在空中飞行的时间，因而被称为"滑翔标枪"。20世纪60年代，铝合金标枪问世，它比木制标枪硬度大，减少了颤动，标枪的外形有利于飞行。

现代标枪的规格是，男子标枪重800克，长260至270厘米，女子标枪重600克，长220至230厘米。

标枪运动的科技含量

标枪早期的木竹过期后，越来越多的科技含量融入其中，加上标枪运动员越来越精湛的水平。标枪的世界纪录被定格在了104米。然而，这个成绩已经威胁到了现场观众的生命安全。国际标枪联合会于是做出了一项改革，一项简单而有效的改革。将标枪的重心配置向后移动了一厘米。正是这一厘米导致标枪在飞行过程中更快下落，也限制了标枪成绩的一味猛升。

可以说，标枪运动是科技与奥运的完美产物。

标枪分米级理论

奥林匹克运动的格言是"更快、更高、更强"，取得优异的运动成绩一直都是奥林匹克赛场上的不断追求。可是，在标枪的运动中，人们却通过精密的计算来降低运动成绩，这是什么原因呢？

在标枪运动中，真正具有划时代意义的变革发生在 20 世纪 70 年代。人们经过多年的实践后发现，标枪的飞行距离与标枪的重心位置和外形有着直接的关系：在重心位置不变的前提下，通过改变标枪的外形，可以减少标枪与空气的摩擦，大大提高标枪的飞行距离。后来，在此基础上，人们又开始为不同水平的运动员制造不同米级的标枪。研究人员发现，如果为投掷成绩 50 米的运动员设计制造出 50 米级的标枪，为投掷成绩 90 米的运动员设计制造出 90 米级的标枪，那么，运动员就能取得较好的成绩。原因很简单，按照这种方式设计出的标枪，与运动员的水平相适应，可以使运动员更好地利用器械。标枪分米级理论的创立是田径投掷器材制造历史上的一大创举，它为运动员投掷成绩的提高做出了巨大的贡献。1984 年，德意志民主共和国男子标枪运动员霍恩掷出了 104.8 米的成绩，在人类历史上首次突破了 100 米的大关。

就在人们为世界纪录一次次被打破而欢呼雀跃时，一个新的问题出现了：当霍恩掷出 104.8 米的成绩时，田径投掷场地的长度不够用了，从场地一端飞出的标枪已经威胁到另一端的工作人员，甚至对看台上观众的人身安全形成了威胁。

在这种形势下，国际田联希望通过修改标枪的规则以减少标枪的飞行距离。当时，国际田联面临着两种选择：一是增加标枪的重量，二是改变标枪有关的设计参数。前者受到教练和运动员的反对，因为

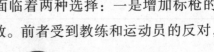

如果增加标枪的重量，就会对运动员水平的发挥带来不良影响，而后者需要通过实验拿出可靠的数据才可以实施。

国际田联在进行了大量实验后拿出了令人信服的数据：不改变标枪的重量，仅仅将标枪的重心前移 4 厘米，同时缩小标枪前段的直径，加大标枪后段的直径，这样可增大空气的阻力，从而降低了标枪飞行的性能，使成绩下降 10% 左右。多年的实践证明，有关标枪规格的修改，不仅达到了减少飞行距离的目的，而且有效地规范了标枪落地的角度，减少了裁判员的工作难度。

2. 标枪运动的竞赛规则

比赛方法

奥运会田赛项目的比赛通常先分两组进行及格赛，通过及格标准的直接进入决赛，如达到及格标准的运动员人数不足 12 人，不足的人数按及格赛成绩递补。远度项目决赛前三轮比赛的顺序抽签决定。决赛前三轮比赛结束后，按成绩取前 8 名运动员进行最后三轮比赛；第四、五轮比赛排序按前三轮成绩的倒序排列，第六轮比赛排序则按前五轮成绩的倒序排列，成绩最好的在最后跳（掷）。

标枪有效成绩

投掷项目比赛除犯规以外，当运动员投出的器械完全落在落地区内（不包括落地区边线）才算有效，丈量成绩时从距离投掷区最近的落地点算起。其中标枪必须是枪尖首先触地成绩才算有效。

录取名次

远度项目比赛结束以后，以运动员最好的一次试跳（掷）成绩，包括因第一名成绩相等而进行的决名次赛的成绩，作为最后的决定成绩判定名次，成绩好者列前。如成绩相等，按下列规定解决：

在远度项目比赛中，如出现最好成绩相等，则以第二好成绩来确定名次，依此类推，直到最后一个成绩。如果还是相同，除了第一名以外，可以并列；如果涉及到第一名成绩相同，必须让这些涉及到第一名的运动员继续比赛，直到决出第一名为止。

犯　规

在比赛过程中，运动员如果有下列违反规则的行为，则会被判犯规，成绩无效：

1. 超出时间限制；

2. 投掷铅球和标枪技术不符合规则规定（规则要求铅球和标枪必须由单手从肩上掷出）；

3. 在投掷过程中，身体和器械的任何一部分不得触及投掷圈铁圈上沿或圈外的地面和标枪投掷弧、延长线以及线以外地面任何一部分，包括铅球抵趾板的上面，否则即为投掷失败；

4. 只有当器械落地以后，运动员才允许离开投掷圈或助跑道。标枪运动员在投出的枪落地前，不能在投掷后转身完全背对其投出的标枪。完成投掷后，链球、铁饼和铅球运动员必须从投掷圈后半圈的延长线后面退出。标枪运动员必须从投掷弧以及延长线以后退出；

5. 在没有犯规的情况下，参赛者可以中止已开始的试掷动作，将器材放下以后暂时离开投掷区，并重新开始，但是必须在规定的时限内完成投掷；

6. 参赛者可以在比赛期间离开比赛区域，但必须由裁判员许可并由裁判员陪伴；

7. 比赛过程中，运动员不能在比赛场地使用以下电子设备：摄像机、便携式录放机、收音机、CD 机、报话机、手机、MP3 以及类似的电子设备。

裁判员的旗示

在跳跃项目比赛中，通常有一名主裁判手中持有红、白旗帜各一面，用来示意运动员试跳是否成功。举红旗表示试跳失败，成绩无效；举白旗表示成功，成绩有效。

在投掷项目比赛中，通常有两名主裁判手中持有红、白旗帜各一面，用来示意运动员试投是否成功。举红旗表示试投失败，成绩无效；举白旗表示成功，成绩有效。其中一名站在投掷区附近的称为内场主裁判，主要判定运动员在试投过程中是否犯规；另一名在落地区内的称为外场主裁判，主要判定器械落地点是否有效。

3. 标枪运动训练

掷标枪是一项历史比较悠久的项目，从历史角度看，投掷标枪技术的改进与场地、器材的更新和成绩的提高总是同步发展的。而掷标枪技术的发展又总是围绕着如何提高助跑和最后用力阶段速度这个技术环节进行的。也就是说标枪的成绩决定于运动员所掌握技术和他（或她）所具有的专项能力。那么怎样才能改进技术进而使运动员的技术和专项能力结合起来，使运动员达到自己的优异成绩呢？标枪运动员技术与能力结合是否完美应集中表现在投掷的动作速度上。国内外也有研究标枪动作速度和训练的，但是研究的都是单一的某个动作环节，进行整体研究的还不多。

标枪训练计划

改进完善基本技术，保持和提高竞技水平；
在全面发展身体素质的基础上，突出专项能力的提高；
掌握专项及有关的知识和理论，提高素养；
在训练中培养良好的意志品质。

训练周期的划分

根据学校的特点，将 1999～2000 年度分为两个阶段即 1999 年 11 月 20 日～2000 年 1 月 22 日为第一阶段；2000 年 2 月 28 日～2000 年 6 月 30 日为第二阶段。即双周期，两个阶段的间隔时间即是学校的假期，利用间隔时间作为调整时期。

训练内容和训练安排

技术训练

技术训练主要手段：
原地投掷标枪；
助跑投掷标枪；
徒手的模仿；

技术训练安排

准备时期：以改进完善基本技术为主，原地，短助跑和模仿练习占有一定的比例；

竞赛时期：以提高训练强度，提高竞技水平为主，采用全程的投

157

掷技术。

专项素质训练

发展标枪专项素质的手段：

原地和短助跑投掷重物；

助跑投掷轻器械和标准器械；

抛掷重物；

仰卧或站立头后拉举。

专项身体素质的训练安排

在训练安排上，采用轻重结合，轻重和标准器械的组合训练，采用不同重量的器械进行专项投掷，使运动员已具备的能力充分地转化到专项上。投掷重器械可以发展专项力量，投掷轻器械可以有效地发展速度，轻重器械组合训练，可使运动员的机体接受不同的刺激，防止肌肉僵化，达到提高投掷速度的目的。在训练的全年系统安排，只是在负荷量上在不同的时期有所区别。

注意投掷的完成质量，同样也要掌握投掷基本器械的节奏，保持成绩的稳定性。在学习基本技术过程中，一般来说，主要障碍是动作的协调能力差，而运动员在各种投掷中，正确地完成各种动作正是促进这种能力的形成。在训练投掷的次数是不可缺少的，但学生在技术上是如何完成这些次数更重要。让初学者按"各尽所能"的原则练习投掷是不行的，应当教授他们有生物力学根据的正确动作，检查他们的投掷质量，甚至是高水平的运动员，在他们投掷辅助器械时也需要对质量实施经常的检查。我们采用这种似乎与标枪投掷联系不大的投掷练习，使运动员的四肢和上体各有关肌群相继进入工作状态，培养了专项速度——力量素质。

训练负荷安排

每周训练 6 次；

每次课训练时间 2.5 ~ 3（小时）；

全年比赛 主项 8 ~ 10 次，副项 3 ~ 5 次；

模仿练习 10000 ~ 12000（次）；

原地投掷 1200 ~ 1500（次）；

全程投掷 3500 ~ 4000（次）；

轻器械 1000 ~ 2000（次）；

重器械 3500 ~ 4000（次）；

力量 100 ~ 120 万（公斤）；

速度 4.5 ~ 5.0 万（米）；

跳跃 9000 ~ 10000（级）；

耐力 10 ~ 20 万（米）。

实施措施

1. 对运动员进行训练目的的教育；

2. 加强运动员身心教育，保证训练计划的实施；

3. 加强专项技术，知识，理论和相关学科知识的学习；

4. 定期对运动员的技术和素质进行检查。

周训练计划

星期一，下午 2：40

1. 准备活动：伸展运动，慢跑，体操，柔韧性和专门练习；

2. 速度：30 米 × 5 疾跑；100 × 1 中速跑；

3. 技术训练：原地投掷 20 ~ 30 次；短助跑投掷 10 次；全程投掷 30 ~ 40 次；

4. 力量：卧推 5 组 90% 本人最大重量；

5. 抓举 6 组 85% ~ 95% 本人最大重量；

6. 后抛铅球：20 ~ 30 次；

7. 壶铃蹲跳 5 ~ 7 组尽最大力量；

8. 放松：慢跑 200 ~ 400 米；伸展运动。

星期二：下午 4：40

1. 准备活动：伸展运动，慢跑，体操，柔韧性和专门练习；

2. 速度：50 米 ×5 疾跑；100 ×2 中速跑；

3. 小肌肉群训练：小力量循环练习 10 ~ 15 个练习为一组，3 ~ 5 组 + 腹背侧肌 + 跳绳；

4. 级跳：立定 ×5；三级 ×5；五级 ×5；

5. 放松：慢跑 200 ~ 400 米；伸展运动。

星期三：下午 2：40

1. 准备活动：伸展运动，慢跑，体操，柔韧性和专门练习；

2. 速度：30 米 ×5 疾跑；100 ×1 中速跑；

3. 力量训练：卧推 5 ~ 7 组/3 ~ 5 次，强度 85% ~ 100% 本人最大的重量；抓举 6 组/3 ~ 5 次，强度 80% ~ 100% 本人最大重量；提拉 5 组/3 ~ 5 次，100%；高翻 3 组/5 次，95% ~ 100%；体后提杠铃挺髋 5 组/5 ~ 8 次，70% ~ 85%；下蹲 3 组/5 次；半蹲 6 ~ 8 组/6 ~ 8 次，85% ~ 100%；

4. 专门投掷：双手投掷实心球 20 次（标枪）；单手投掷胶球和类球 20 ~ 30 次；

5. 跳跃：跨步跳 6 级 ×10 组；

6. 放松：慢跑 200 ~ 400 米；伸展运动。

星期四：下午：4：40

1. 准备活动：伸展运动，慢跑，体操，柔韧性和专门练习；

2. 速度：50 米 × 5 疾跑；

3. 小肌肉群训练：小力量循环练习 10 ~ 15 个为一组，3 ~ 5 组 + 腹背侧肌 + 跳绳；

4. 级跳：立定 × 5；三级 × 5；五级 × 5；

5. 耐力：变速跑 200 米 × 6 圈；

6. 放松：慢跑 200 ~ 400 米；伸展运动。

星期五：下午 2：40

1. 准备活动：伸展运动，慢跑，体操，柔韧性和专门练习

2. 速度：30 米 × 5 疾跑；100 × 1 中速跑

3. 技术训练：原地投掷 20 ~ 30 次；短助跑投掷 10 次；全程投掷 30 ~ 40 次

4. 力量：卧推 5 组 90% 本人最大重量；抓举 6 组 85 ~ 95% 本人最大重量

5. 后抛铅球：20 ~ 30 次

6. 壶铃蹲跳 5 ~ 7 组尽最大力量

7. 放松：慢跑 200 ~ 400 米；伸展运动

星期六：上午 9：00

1. 准备活动：伸展运动，慢跑，体操，柔韧性和专门练习

2. 速度：30 米 × 5 疾跑；100 × 1 中速跑

3. 力量训练：卧推 5 ~ 7 组/3 ~ 5 次，强度 85% ~ 100% 本人最大的重量；抓举 6 组/3 ~ 5 次，强度 80% ~ 100% 本人最大重量；提拉 5 组/3 ~ 5 次，100%；高翻 3 组/5 次，95% ~ 100%；体后提杠铃挺髋 5 组/5 ~ 8 次，70% ~ 85%；下蹲 3 组/5 次；半蹲 6 ~ 8 组/6 ~ 8 次，85% ~ 100%；

4. 专门投掷：双手投掷实心球 20 次（标枪）；单手投掷胶球和类球 20 ~ 30 次；

5. 跳跃：跨步跳 6 级 × 10 组；

6. 放松：慢跑 200 ~ 400 米；伸展运动。

赛前一周训练计划

星期一

1. 准备活动，柔韧性练习 10 ~ 15 分钟；

2. 以中等力量投掷 30 ~ 45 分钟；

3. 10 ~ 30 快速跑练习 20 ~ 30 分钟；

4. 整理活动 10 ~ 15 分钟。

星期二

1. 准备活动，柔韧性练习 10 ~ 15 分钟；

2. 技术训练 20 ~ 30 分钟；

3. 整理活动 10 ~ 15 分钟。

星期三

1. 准备活动，柔韧性练习 10 ~ 15 分钟；

2. 杠铃练习 45 ~ 60 分钟（完全爆发性练习）；

3. 整理活动 10 ~ 15 分钟。

星期四

1. 准备活动，柔韧性练习 10 ~ 15 分钟；

2. 只强调技术的放松投掷 15 ~ 20 分钟；

3. 10 ~ 30 快速跑练习 20 ~ 30 分钟；

4. 整理活动 10 ~ 15 分钟。

星期五

1. 准备活动，柔韧性练习 10 ~ 15 分钟；

2. 针对比赛的实际情况的投掷：3 ~ 4 次原地投掷，3 次完整技术的全投掷。比赛时的前三次投掷，运动员必须获得良好的成绩，以便进入决赛；

3. 整理活动 *10~15* 分钟。

星期六

1. 准备活动，柔韧性练习 *10~15* 分钟；

2. 杠铃练习，投掷，或者都做，或者积极性休息 *30~45* 分钟；

3. 整理活动 *10~15* 分钟。

标枪的动作速度

动作速度是指人体完成某一个动作的速度快慢。标枪运动员的投掷动作是指人体持枪由助跑结束时的位置移动到适宜的出手点的动作速度，完成这一动作的过程时间称为投掷的动作速度除以完成这一动作所经历的时间为投掷的动作速度，表现为标枪运动中的即时速度变化：

$$\triangle V = V - V_0 。$$

V 为出手速度；V_0 为最后用力前的标枪速度。

器械的投掷速度可用斜抛运动进行叙述，即：

V 为标枪的出手速度；a 为 V 与水平面的夹角，H 为器械出手点至地面的高度。由上式中可以看出，增加 V 的效果要比增加 a 角的效果大的多，并且在理想的状态下，a 角最大为 *45* 度，而在实际投掷时，由于空气阻力和辅助滑翔作用，以及投掷时地斜角的存在，a 角度实际要比 *45* 度小，一般为 *30~35* 度。而 V 的大小是在助跑速度的基础上，通过最后用力阶段，身体通过投掷臂对标枪施力，使标枪再一次得到加速而形成的速度。因此在最后用力阶段通过合理的技术把全身的力量作用在标枪上，将人体动量传递给标枪使之产生较大的速度变化，这个速度变化就是人体作用标枪的动作速度。

163

动作速度的决定因素

助跑时所获得的速度

助跑是掷标枪技术中一个很重要的部分，它包括预跑阶段和投掷步阶段。不同运动员在助跑段的各个技术等方面都不相同，都有其各自的特点。助跑的目的在于：一是获得最后用力前的预先速度，二是要提供最后用力的有利条件。因此，标枪助跑距离，但不是助跑速度越快越好，需要控制助跑速度，使其与最后用力技术协调配合。助跑的前半程依据运动员的投掷能力而定，而后半程的投掷步动作是为第二个目的做准备的。

投掷步阶段的主要任务是加快两腿的动作速度，在加速过程中正确完成引枪和"超越器械"动作，为不停顿地过渡到最后用力创造良好条件。因此，投掷步阶段的速度应比前面的速度要快。也就是说在结束引枪后，右腿积极有力蹬地，快速向投掷方向摆动（以右手为例）并快速远伸，当右腿着地时，握枪点身体重心后较远处，而且身体重心在右脚支撑点后方，躯干向内侧，拉长相关肌肉群，形成良好的超越动作，为最后用力做好充分的准备。

与投掷动作有关的收缩力

最后用力的任务是在双脚稳固支撑的基础上把全身力量通过投掷臂和手的动作在最短时间内的把最大力量作用与标枪之上，使之达到较大的出手速度，因此，能否使标枪在一定的工作距离下以最短时间完成由助跑结束所处的位置到出手点的位移，取决于肌肉快速的力量。

由动量原理：$Ft = m(V_0 - V) = m\triangle V$

在上式中：V_0 为出手速度，V 为助跑结束时的速度，F 为投掷臂对标枪施的力，$t—F$ 是作用时间。

$\triangle V$ 相对标枪来说是标枪的速度变化，对人体来说是完成投掷动作速度，当运动幅度一定，即 t 相对固定时，F 与 △V 成正比。因此，肌肉的收缩力是决定动作程度的关键因素。

公式中还可以看出，当 F 一定时，t 与 △V 成正比，但是 t 的增加只能依赖于工作距离的延长来获得的，而不能人为的主观延长，相反，人主观上应力求缩短这个作用时间，才能获得好的投掷效果，关于这点，可由以下结论得出：假设最后用力前的枪的速度为 V，出手速度为 V_0，由于投枪过程中的运动可近似看成是匀加速运动，因此得出：

$Ft = mV$。

$S = \frac{1}{2}at^2$

$V = at$

当工作距离 S 一定时，缩短作用时间 t 对于人体对枪的作用力 F 的增加将产生积极的影响，同样，当力一定时，工作距离 S 的增加也有助于 F 的提高。因此提高相关主动肌群及其协同肌群的收缩力，有利于提高标枪运动员的动作速度。

运动员最后用力的技术

最后用力技术是一个完整而连贯的动作过程，为更好实现最后用力的投掷动作速度，必须以掌握合理而有效的投掷技术为前提，良好的最后用力技术主要表现在以下五个方面：

第一方面身体各环节良好的加速和制动，保证身体动量的依次传递，最后用力必须是在双脚的支撑基础上进行。

投掷技术的最后一步中，左腿快速向前迈出，人体重心一过右脚支撑点，右腿和左腿蹬摆结合，迈出步幅和助跑速度相适应，此时切记不能在迈左腿时人体腾空，否则就会失去支撑点，使助跑时所获得的速度耗损，且不能使两腿快速衔接进入最后用力。左脚直落，且脚内侧足跟领先着地，形成"钢性"的支撑动作，为髋和躯干肌肉收缩提供了稳固支点，构成有力制动以及为最后蹬伸作好准备。紧接着，由于左腿的制动以及右脚继续蹬伸，制止了下肢向前，加速了髋部的向前移；左髋制动，使右髋加速向投掷方向转动，腰腹发力，使右肩绕身体垂直轴转动，同时在左腿牢固支撑下，绕矢状轴转动。向上转肩能使投掷臂肘部向上举起，从而使标枪留于体后，使腰腹肌充分拉长，成满弓状态，屈曲的肘关节处于向上有利于投枪的位置。这样就能有效地利用伸直肘关节的角速度，而且被拉长的腰腹肌接着做强有力的收缩，依次带动上臂、前臂向前，作爆发式"鞭打"动作，在左腿蹬伸转体配合下投出标枪。

人体是由助跑所获得的动量由下脚的制动依次向上传递。顺序：左腿制动——髋制动——肩制动——肘制动——前臂的鞭打动作。因此，训练重点应放在左腿的制动上。

第二方面，动员尽可能多让的主动肌的协同肌群参与收缩，并在依次产生最大的收缩力和动量传递的基础上实现动量的叠加。

在动量传递过程中，各环节肌肉群的积极作用，大肌肉群的依次参与工作，能使动量传递更加积极，并使动量增加，从而提高动作速度。技术训练的目的之一就是使各环节的依次发力与制动顺序的连贯性，任何一个环节参与工作的不合理顺序都将对动量传递产生很大的消极影响，从而影响出手的速度。各环节依次参与工作的肌肉群随环节依次前移与制动，在开始参与工作的瞬间，在已被拉长的基础上（超越器械动作）再一次被快速牵拉，肌肉伸长的速度较快，肌梭受到刺激，产生兴奋，传入冲动，在同一兴奋过程中，肌肉做快速的向心收缩，其收缩力得到增加。因此，技术上强调投掷臂被动留于体后并伸直，对于投掷臂的肌肉参与工作前再一次受到牵连而产生较大的收缩力产生积极作用，而且这样也能使身体动员多方面肌肉参与用力，增加收缩力值，进而增大动量的传递，增加动作的速度。

第三方面，对枪的良好控制及良好的纵轴用力在对标枪施力使之运动时，应使标枪与投掷臂的角度始终保持适宜，才能实现良好的纵轴用力。

纵轴用力就是鞭打挥臂的路线尽可能沿标枪纵轴用力。目的是尽量减小水平上的分力，使力完全作用到器械上。纵轴用力越好，标枪在空中飞行的就越平稳，滑翔性能越好。无数国内外的优秀运动员能很好地沿标枪纵轴用力，不得不在最后鞭打瞬间使整个身体和头稍微向左侧倾倒一些，以使手臂尽量沿纵轴路线走，这样多少就损失一些助跑的水平速度，左侧支撑也不是最佳效果。但如果不倾倒身体，纵轴用力就要破坏，吃亏更大。

投掷标枪，助跑的预先跑阶段要做到身体放松，枪尖稍低于枪尾（在右眼稍高）。在进入投掷步后，由于要超越动作做准备，且要进一步加速，因此要保持精力集中不让标枪离开身体。当投掷步完成时，要把标枪的姿势角度控制在 30 度左右，使前臂与标枪的夹角在 30 度以下。如果姿势角度过小，就会缩短最后用力的距离，影响最后的出手速度；如果过大的话，枪尖就会过高，就不能沿着纵轴用力了，正迎角过大，枪尖就会抬头，标枪的滑翔性能就会下降，最后会使标枪的飞行速度减慢影响成绩。

第四方面，中枢神经系统的机能状态。人在运动时，中枢神经系统是否处于适宜的兴奋状态，将直接影响着人体运动能力的表现，而中枢神经系统对投掷动作速度的作用表现在于中枢运动神经元的兴奋的数目，发出神经冲动的强度及频率。中枢发出的强度越大，则肌肉的收缩力就越大；发出冲动的频率就越高，则肌肉收缩的速度就越快，可有效地提高动作速度，目前国内外广泛采用的轻重练习法就符合这一原理。轻重器械交替练习并在实际训练当中采用不同重量的标枪练习投掷，能有效地提高中枢发出的冲动强度和频率。由于条件反射，动力定型的建立与巩固是一个长期的过程。因此，轻重器械的练习法必须长年贯彻，但是各训练时期的比重是可调控的。动作速度除了取决于中枢发出兴奋冲动的强度与频率外，还取决于各个中枢的协调性，每个主动肌群间的协同关系以及协同肌群的协调关系等。

第五方面，运动员的灵敏、柔韧、协调能力。运动员的灵敏、柔韧及其协调能力等素质也是保证最后用力动作顺利完成的必不可少的条件。因此，在以后的日常的动作速度训练中是不可忽视的一个重要因素。

动作速度的训练

技术原理告诉我们出手速度的快慢决定着投掷成绩的好坏，由于标枪项目的器械轻、速度快、动作技术比较复杂等特点，故动作速度训练在标枪运动员的整个训练过程中更具有特殊的意义。动作速度训练在各个训练时期和阶段都成为重要的训练内容之一。这是不断提高投掷成绩，并在激烈比赛中获胜的关键。

首先，充分利用科学的理论不断改革训练方法，提高训练的质量，尤其注重运动生物力学的研究，使投枪动作更符合现代投枪中的力学原理。其次，在现代标枪技术中，教练员和运动员应该越来越重视最后用力中的左腿动作，因为在最后用力的大部分时间里，人体的动作是以左腿支点进行用力的。还有，在训练中常采用各种快速力量的练习，比如，快挺，下蹲跳等一些轻器械的练习。发展下肢力量，在训练手段的要求上和教法均以发展爆发力为主导，在训练的安排上应该以强度为核心。最后，要强调每年训练的系统性。因为运动员的运动水平可以看作是多系统训练的结果，只有在长期的训练中，才能反复改进技术，使之更加符合运动技术的要求，这样才能在以后的投枪中建立良好的运动技术的动力定型。

有关的主动协肌群及其协同肌群的收缩力、最后用力技术的掌握、专门能力及中枢神经系统的这几个因素是标枪运动员投掷动作速度的综合表现。

以后在训练中要特别的重视左腿的制动和支撑的作用力动作，它对取得优异成绩起重要作用。

标枪运动员的位置

标枪是田径运动中一个较为复杂的运动项目。要想使初学者迅速掌握标枪技术，尽快提高运动成绩，教练员必须给予恰如其分的指导。教练员要勤于动脑，善于观察，针对每次训练课的内容，选择合理的观察位置，从不同的角度观察运动员所完成的每一个技术动作，从而掌握完成动作的情况，及时地发现和解决存在的问题，不断完善标枪技术，形成正确的动力定型，为今后提高运动成绩打下一个良好的基础。

从投掷者的后面进行观察

从后面观察的主要目的是看初学者持枪和引枪出手时是否正对投掷方向。然后针对初学者出现的问题对症下药地采用措施。如：引枪不正，多是由于引枪与助跑配合不好；引枪时手腕僵硬，手臂未做好翻肘、翻腕，枪尖远离头部；再者就是柔韧性差、肩关节不灵活，肌肉紧张。针对此情况，多做原地和上一步、上两步引枪练习，体会动作要领，发展肩、手腕等部位的灵活性练习，提高控制枪的能力。

从投掷者的侧面进行观察

1. 助跑动作是否放松，有节奏，最后两步是否减速。初学者往往因为身体灵活性差和不协调，心情过于紧张，没有掌握持枪助跑的动作要领，或助跑速度太快失去控制，助跑点不准确、步子紊乱，交叉步上跳过高等原因而造成动作僵硬，最后两步明显减速。在侧面可以及时地发现这些错误动作，然后让其改正。可以让学生多练习身体的灵活性、协调性，明确助跑技术动作的协调性，明确助跑技术的动作

概念和任务，注重心理素质的培养。要求调整跑速，找准步点，以便迅速掌握助跑技术。

2. 投掷步是否与最后用户脱节，是否形成超越器械。教练员可观察学生助跑速度是否太快或太慢，上体是否过于后倾，超越器械动作概念是否清楚，投掷步腿的动作是否积极等技术环节。针对发生的问题，要求学生进一步明确投掷步的技术概念和任务，降低助跑速度，提高助跑节奏，加强腿部力量，多做投掷步练习，体会并尽快地掌握投掷步的动作要领。

3. 最后用力时是否后坐。初学者往往由于怕冲出起掷弧犯规，不敢向前扑打以及两腿之间距离过大，右腿蹬地困难和左腿支撑无力等原因，造成最后用力时后坐。因此，教练员要让其克服怕犯规心理，明确左侧支撑和右腿充分蹬伸的作用，强调左腿积极着地，保证躯干与地面的夹角为 $65° \sim 70°$。

4. 掷标枪时能否用上腰腿肌和下肢力量，是否只靠投掷臂的力量。掷标枪时正确的用力顺序是右腿蹬地，推动筋关节转向投掷方向，由髋带动躯干、肩、上臂、前臂，最后从手指掷出。这个用力顺序不仅可以使全身大部分肌肉参加工作，而且保证有较长的工作距离。初学者由于用力顺序概念不明确，身体各部分动作不协调，投掷臂用力过早，最后用力时姿势不正确等原因造成掷标枪时用不上腰腹肌和下肢力量。这时教练员可让学生进一步明确正确的用力顺序，在思想上引起足够的重视，通过身体全面训练提高协调性和灵活性，加强腿他积极超前动作训练，提高正确用力顺序的技能。

5. 观察运动员的出手角度。众所周知，标枪适宜的出手角度是 $32° \sim 36°$ 之间，在力量一定时出手角度的大小，直接影响到运动成绩的好坏。因此，出手角度也是观察的一个重点。初学者由于左脚支撑无力或膝关节弯曲，掷枪时低头，持枪时枪尖过于上斜，身体过分后仰等原因造成出手角度过低或过高。针对这些情况，教练员可要求初学者加强腿部力量训练，强调左支撑的作用，加强对标枪出手角度的控制能力等。

从落地区进行观察

在标枪落地区进行观察时，在注意自身安全的前提下，着重观察标枪运行的路线、方向和落点。通过观察可看出初学者往往是标枪出手后，滑翔能力差，运行不顺畅，枪失或高或低，落地时不扎地。其原因是没有掌握好出手角度，出手时向前拉枪，用力不能通过标枪纵轴。对于这种错误动作，教练员在强调控制出手角度的同时，还要进一步强调沿纵轴用力的重要性，加强这方面的训练。综上所述，在标枪训练中，教练员不但要采用科学严格的训练方法，而且要善于选择合理位置观察训练中所出现的问题，及时发现并给予正确指导，这样才能不断提高标枪运动的技术水平和运动成绩。

投掷标枪的训练方法

投掷标枪项目，危险性较大，在中小学，一般场地较小，安全得不到保证，同时投掷项目技术性较强，难度大，练习者掌握动作不正确还容易受伤，投掷项目要求具有高度的速度力量、柔韧性以及大幅度协调用力的能力。因此，标枪运动员必须具有强有力的躯干、腰、髋及上下肢肌肉收缩力量和收缩速度。投掷标枪的技术动作是在幅度大、协调性和灵活性高的情况下完成的。所以，对标枪运动员的手腕、肘、肩关节、胸、腰、髋的柔韧和灵活性提出较高的要求，由于项目的特点，在日常的训练中标枪运动员的肘、肩关节也成了容易损伤的部位。

有针对性地做好专项准备活动

在进行专项技术训练时，除了要求运动员在做好一般性准备活动后，要有针对性地做好进行专项技术训练前的专项准备活动，如采用杠铃竿进行肩上绕环，手臂的屈伸等练习，使运动员逐渐地把肩关节、肘关节部位的肌肉、韧带全面地活动开，很快达到适宜进行投掷标枪专项技术练习的状态。

重视提防标枪运动员容易受伤部位

为了预防和防止标枪运动员肩、肘等部位受伤，在训练教案中和训练方法、手段练习的内容中要对此有具体体现和要求，进行练习前适当加大这一部位的力量、柔韧和灵活性练习。平时要注意发展运动员小肌肉群的力量，早日形成保护层，这一过程并不是通过一堂课和一个阶段的训练所能完成，要体现在常年的训练计划中。

在教学训练中遵循循序渐进的教学原则

在安排训练计划、训练内容时，应遵循由易到难、由简到繁、循序渐进的教学原则，而且运动量也要逐渐增大。对于运动员在训练过程中出现身体状态不佳，达不到教练员的训练要求或肌体已出现疲劳现象时，应该减小运动负荷或者进行积极性休息，改练习其他训练内容。

及时纠正运动员在专项技术训练中的错误动作

在教学训练过程中，若发现运动员在专项技术训练中出现错误动作时，如在最后用力翻满弓时，肘关节翻不上来，出现"撒枪"，力量用不到标枪的纵轴时，这时也最容易使运动员受伤，此时应该及时纠正，避免运动员受伤。

教会运动员学会自我保护的方法

在教学训练中，要把运动员建立自我保护的意识和学会自我保护的方法列入训练计划的一个部分。大运动量训练后产生疲劳要及时放松，训练中有了受伤的前兆，要及时同教练员沟通，防止伤害事故的出现也就是为下一阶段的训练提供了保障。

教学训练中采用不同的训练方法、手段

在教学训练中，要根据项目的技术特点，可以采用不同的投掷方法。如单手投、双手投、原地投、上步投等。不同的重量，如先投重，再投轻。不同的器械，如实心球、小铁球、棒垒球等，来达到同样的教学目的。发展运动员专项所需的快速力量，速度以及专项投掷能力，专项技术所需的素质，在运动员早期训练中打下坚实基础。

投掷技术训练

握 法

握枪方法是将标枪斜放在掌心上，大拇指和中指握在标枪把手末端第一圈上沿，食指自然弯曲斜握在标枪上，无名指和小指握在把手上。也可将拇指和食指握在标枪把手末端第一圈上沿，其余手指按顺序握在把手上。

持 枪

持枪的方法是屈臂举枪于肩上，大小臂夹角约为 90 度，稍高于头，枪尖稍低于枪尾。

助 跑

助跑的距离应根据投掷者发挥速度的快慢而定，一般在 25 – 35 米之间，助跑分为两个阶段。

预跑阶段：预跑阶段主要是加速，在跑进中上投掷标枪体稍前倾，用前脚掌着地，大腿抬得较高，后蹬力量强，动作轻快而富有弹性，持枪臂随着跑的节奏与左臂配合，自然前后摆动，并与下肢动作协调一致，在加速中进入投掷步。

投掷步阶段训练

五步投掷步的前四步一般步长是：第一步大，第二步小，第三步大，第四步小。

第一步

左脚踏上第二标志线，右脚积极前迈，同时，右肩后撤并开始向后引枪，左肩逐渐向标枪靠近，左臂自然摆至胸前，眼向前看，髋部正对投掷方向，持枪臂尚未伸直

第二步

当右脚落地，左脚离地前迈开始了投掷步的第二步。左脚前迈时，髋稍向右转，右肩继续后撤并完成引枪动作，右手接近于肩的高度，枪身与前臂夹角较小，枪尖靠近右眉，保证标枪纵轴和投掷方向一致。

第三步

是由左脚落地开始的，左脚一落地，右腿膝关节自然弯曲，大腿带动小腿积极有力地向前摆出，当右腿靠近左腿时，左腿快速有力地蹬伸，促使右腿加快前迈。此时髋轴转向投掷方向，并与肩轴形成交叉状态。左臂自然摆至胸前，有助于左肩继续向右转动，加大躯干的向右扭转。右脚尖外转用脚跟外侧先落地，然后过渡到全脚掌，与投掷方向成 45 度角左右。躯干和右腿成一条直线，整个身体向后倾斜与地面形成一定的夹角。

第四步

在交叉步右脚尚未落地之前，左腿就要积极前迈。右腿落地，体重落地弯曲的右腿上，接着，右腿积极蹬地，加快髋部向水平方向移动，同时也加快了左腿的前迈。左腿前迈时，大腿不宜抬得过高，左脚用内侧或脚跟先着地，做出强有力的制动和支撑，左脚落地的位置应在右脚落地前投掷方向线的左侧约 20 ~ 30 厘米处。

最后用力

投掷步的第三步右脚着地后，由于惯性，髋部迅速向前运动，在超越了右腿支撑点之后（左脚未着地），右脚就开始最后用力。当左脚着地，便形成了以左脚到左肩的左侧支撑，为右腿继续蹬地转髋创造条件。右腿又继续蹬地，推动右髋加速向投掷方向运动，使髋轴超过肩轴，同时髋部牵引着肩轴向投掷方向转动，在肩轴向投掷方向转动的同时，投掷臂向上转动，带动前臂、手腕向上翻转，当上体转为正对投掷方向时，形成了"满弓"姿势。此时投掷臂处于身后，约与肩高，与躯干几乎成直角。弯曲的左腿做迅速有弹性的蹬伸，同时胸部尽量前送，并带动小臂向前做爆发性"鞭打"动作，使全身的力量通过手臂和手指作用于标枪纵轴。标枪离手一刹那，手腕和手指的积极动作，能使标枪沿着纵轴按顺时针方向自转，这可以保持标枪在空中飞行的稳定性，提高标枪的滑翔效果。标枪出手的适宜角度约 30～35 度。

标枪出手后的身体平衡

标枪出手后，人体由于受惯性的作用，必然随着向前惯性继续向前运动，为了防止越线犯规，应及时向前跨出一至二步，身体稍向左转或上体稍前倾，降低身体重心，维持平衡，避免冲出线外。

原地掷标枪技术训练

原地掷标枪训练方法

学习握枪和持枪方法。

学习原地掷标枪的专门练习。

单人、双人徒手或利用器械做发展肩、腰柔韧性的练习。

正面原地和上步投掷实心球。

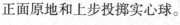

正面原地掷枪。面对投掷方向，两脚前后站立，左脚在前，上体微向右转，持枪于肩上方，枪尖向前下方。然后蹬伸右腿，沿枪尖指向的方向掷出（投掷距离以 *10～15* 米为宜）。

原地侧向掷枪。侧对投掷方向，两脚左右开立，左腿伸直，右腿弯曲并负担体重，右臂伸直持枪于右侧后方。然后右腿用力蹬地，推髋向投掷方向转动，上体前移，以胸带动上臂，将枪掷出。

学习引枪和投掷步的技术

方法：

学习引枪技术。

原地引枪练习。

走步和慢跑中引枪练习。

学习投掷步技术。

上两步引枪，动作要点同技术部分中引枪的第一步和第二步。

持枪做交叉步练习：左侧对投掷方向，两脚左右开立稍比肩宽，右臂持枪后引，眼看投掷方向，然后右腿向投掷方向迈出成交叉步。

上三步结合引枪，动作要点同技术部分。

上四步投掷，动作要点同技术部分。

学习助跑掷标枪技术

方法：

持枪助跑练习。

持枪助跑结合引枪练习：在跑进中两步完成引枪动作。

持枪助跑结合引枪和投掷步，动作要点同技术部分。

中速短程助跑掷枪。

全程助跑掷枪。

确定个人技术特点，改进和完善技术

方法：

在正式场地上全程助跑投掷，并用一定的速度和力量。

针对个人在技术上存在的错误，选用不同的方法，改进技术。

分组练习，学生互相观摩。

技术评定和达标。

标枪运动员的力量训练

标枪是投掷项目中最轻的器械，标枪掷出，器械的出手速度成为运动成绩的主要因素之一，而器械出手初速度又取决于投、搓力量的大小和整体动作速度。在爆发力的因素中力量起主导因素，标枪运动员的训练需以身体素质全面发展为基础，仅依靠技术是完全不够的。没有很好的身体素质水平，特别是力量素质很难获得最大的出手速度。正确认识力量训练的内涵和分类，对力量训练手段的选择和科学的进行力量训练以及保证训练的顺利进行有重要意义。

力量训练的重要性

力量是人体通过肌肉产生收缩或张力来克服一定阻力的能力。在标枪项目中，力量是取得优异运动成绩的主要因素，它既是速度、弹跳、灵敏、柔韧的基础，也是掌握技术的必要条件。对于技术掌握较好的运动员，发展力量又是进一步提高运动成绩的手段。如果技术和其它因素相同，谁的力量好谁就取得较好的成绩。在掌握专项技术的前提下，力量与专项成绩是成正比的，是同步提高的。从生理学和解剖学角度看，青少年运动员骨骼发育是骨骼柔软、弹性大、骨变形，肌肉生长较有弹性，收缩和伸展的幅度较大。因此，在训练中应以快速力量训练为主，速度力量素质是最难提高的素质之一，因为它受先天遗传的因素较大，但也可以通过后天发展和提高的。

力量训练的方法

根据少年运动员具有模仿力强，好胜心及强烈求知欲望的特点，在制定计划时，应考虑到多样性的特点，不但使他（她）们对力量训练产生浓厚的兴趣，而且也可使其得到训练的持久性和肌肉全面协调的发展。采用方法如下：

1. 利用自身体重练习法。这是指利用各种形式和要求以克服自身体重采用的训练方法。这种方法很有效，因为对神经负担小，易学、易练，对速度、弹跳也有一定的效果。采用方法如下：俯卧撑、立卧撑、俯卧的交换跑、跑坡、仰卧起坐以及各种跳跃练习等等。每周可安排 *2~4* 次，每次 *3~5* 组，每组 *10~15* 次为宜。

2. 专项力量练习法。指在比赛中承受主要负荷量的肌肉群练习法。该方法在动作结构、动作形式和用力特点上与专项动作主要部分接近（如掷垒、胶球、铁球、轻标枪等等）。它在标枪训练当中占有很大的比重，应贯穿整个训练过程中，为了使力量素质和标枪技术紧密结合，少年标枪运动员采用投掷标枪的方法更为有效。

3. 超等长训练法。指能够引起一个牵张反射的、超量的、离心或向心收缩的练习。主要包括以下几种方法：各种快速跳跃练习、不同高度和形式的跳伸练习（持枪做节奏跑、交叉跑等）等。在运动训练实践中发展力量训练方法很多，我们应根据不同阶段、不同内容、不同对相等因素去有针对性的选择，以便有更适合少年标枪运动员的训练方法。

4. 循环训练法。指根据训练的具体任务，建立若干练习站，运动员按照拟定的顺序、路线依次完成内容，周而复始的进行训练的方法。在训练中，练习小肌肉群的力量训练多采用此方法。根据不同任务、不同内容，每周可安排 *1~3* 次，每组 *6~10* 站，循环 *3~5* 组。这种训练方法间歇时间短，各站的内容不同，易产生兴奋性，即能提高兴

178

趣，又能较好的发展力量素质，是少年标枪运动员力量训练的重要组成部分。

5. 克服外部阻力的练习。如弓箭步抓举、颈后屈拉、单臂拉等，强度在 70%～80%，重复 5～6 次，组数 3～5 组。要求负重量用中、小，以快速完成动作为主。

6. 间歇训练法。这是指在次（组）练习之后，严格控制间歇时间，在机体未完全恢复的情况下，进行下一次训练。标枪运动员多采用大幅度间歇训练法，负荷可达本人的最大强度的 90% 以上，每次负荷练习的时间相对较短。这种方法对提高运动员的无氧功能能力，发展速度和速度耐力有很大作用。

7. 专项力量练习法。指在比赛中承受主要负荷量的肌肉群练习法。该方法在动作结构、动作形式和用力特点上与专项动作主要部分接近（如掷垒、胶球、轻标枪等等）。它在标枪项目训练中占有很大的比重，应贯穿整个训练过程中，为了使力量素质和标枪技术紧密结合，少年标枪运动员采用投掷轻标枪的方法更为有效。

力量训练的主要手段

1. 速度力量的训练手段。所谓速度力量指 肌肉尽快和尽可能发挥力量的能力，速度力量取决于肌肉的收缩速度和最大力值。它被认为是标枪项目执行功能所必备的能力。标枪项目肌肉用力顺序是爆发式用力，是必须提高的。除遗传因素外，优秀标枪运动员关键在于少年时期的培养。主要练习手段如下：

（1）头后双臂屈伸：采用杠铃片，重量为男子 10～20 千克，女子 5～10 千克要求放下屈臂，上臂充分后屈。伸臂时，上臂不要过分胶压，以便伸臂时更接近与鞭打。

（2）单臂拉举：重量为男子 5～7 千克，女子为 2.5～5 千克。要求胸带大臂向胶鞭打，每次以最快速度完成。

（3）弓箭步抓举：要求掌握正确动作下快速完成。

（4）立定跳远：跨步跳、交换跑、纵跳、弓箭步跳、持枪跑、各种跳绳练习等等。练习中要又足够的间歇时间，练习后要放松，帮助恢复疲劳。

2. 训练时间：

每周训练 5～6 次。

每次课训练时间 1.5～2 小时。

全年比赛主项、副项（素质测验）200～240 次数。

3. 训练负荷：

要求：全年比赛次数、主项、副项（素质测验）5～6 次；

专项投掷总量 3000～10000 次/年；

助跑投标枪量 1500～2500 次/年；

大力量 40～48 次/年；

小力量 2500～3000 组/年；

快跑量 4500～5000 组/年；

跳跃量 2400～2500 组/年；

小肌肉群力量训练的手段

少年时期发展大力量的同时，也应该注意小肌肉群力量训练。以往我们训练中只注重大肌肉群，使运动副力量发展失调出现伤病而影响训练，也过早结束运动生涯。这是少年标枪运动员不可忽视的问题。主要采用循环训练法，因为此法既安全又有效，能提高兴趣，也能均衡发展各肌肉群的力量，循环训练法主要有：

1. 直臂前后绕环、负重转肩、哑铃颈后快弯举、负重满弓、引体向上等手段是增加肩关节的力量。

2. 负重转肘、背后牵手拉肩肘多方向屈臂伸、前臂向内绕环、平握哑铃外旋等手段是增加肘关节的力量。

3. 仰卧起坐、仰卧举腿、负重提踵、交叉跳、蛙跳等发展下肢力量。但在实际训练中应根据运动员的实际情况而定可里自身体重也可负重的训练方法。

4. 负重体侧前屈，在鞍马上做左右侧送片、男子重量 5 千克、女子重量 2.5~5 千克，以中速完成，每组 6~8 次，工 3~4 组。

5. 弓箭步走、跑台阶、阻力后屈腿、负重提踵、交叉跳、蛙跳等发展下肢力量。但在实际训练中应根据运动员的实际情况而定，可利用自身体也可负重的训练方法。

专门投掷力量训练

专门投掷力量的方法和手段是多种多样，是针对性的，是掌握和改进运动技术，提高运动成绩的重要组成部分。

1. 双手头上投实心球：重量 0.5~2 千克，可采用原地投和上步投，要求与正面插枪技术相似，手臂伸直，以胸带臂掷出。

2. 单手投垒球、胶球、轻标枪等，可采用原地，上步和助跑投掷，要求与投掷技术相同。

3. 带球对墙鞭打：要求以胸带臂快速鞭打能力及左腿快速蹬伸支撑能力，连续 6~8 次为一组，3~5 组为易。

类似以上的练习方法还包括：双手胸前推球、仰卧起投球，投沙袋等都是发展投掷能力和速度的练习，使肌肉用力动作传递效果更接近于标枪的投掷技术。但应指出的是，随着运动员的年龄增长，器械的重量也就逐渐的增加，要有足够间歇时间。总之，只有正确的专门投掷练习才是保证所选择标枪技术的充分体现。

项目与负荷量

总投掷量/次/年 9000~10000；

总投掷量/次/年 1500~25000；

标枪准枪（强度）大 10%，中 90%；

投轻标枪/次/年 1200～15000；

投重物（双手）次/年 2000～2100。

训练中常见的错误动作纠正方法

引枪时标枪离身体太远

产生原因：

肩关节灵活性差、手腕背屈或左臂向左摆动。

纠正方法：

多做发展肩关节柔韧性的专门练习。

多做第三、四步时左臂摆至胸前左肩转对投掷方向的练习。

第三、四步明显减速。

产生原因：

预跑阶段速度过快，增加了投掷步的难度，以致最后用力前，不得不降低第三、四步速度。

第一、二步引枪时上体故意后倾。

第三步（交叉步）右腿抬得过高，向上力量大，第四步左脚落地不及时，影响向前的水平速度。

纠正方法：

调整预跑阶段的速度。

多做慢跑和加速跑中引枪，保持上体正直。

反复练习第三、四步动作，强调动作节奏。在第三步右脚着地前左腿要积极向前迈出。

超越器械不充分

产生原因：

引枪时上体转动不够并前倾，第三步（交叉步）步幅太小。

第四步左脚离地过高。

下肢动作速度慢

产生原因：

下肢动作速度慢，上体跟进快，髋关节柔韧性和灵活性差。

纠正方法：

反复练习交叉步动作，要求有较大的步幅。

在跑道上连续做投掷步练习，强调第四步动作要快。

原地做髋关节左右练习。

"满弓"动作不充分

产生原因：

左腿制动和支撑不好。

助跑速度过快，交叉步太小，右腿蹬转送髋不积极。

上体过早向投掷方向移动。

纠正方法：

原地做"满弓"动作。

左脚上前一步后结合做"满弓"动作。

不用下肢力量

只用投掷臂的力量掷枪，没有利用下肢和躯干力量。

产生的原因：

跑速过快，未能充分做出超越器械的动作，因而下肢和躯干失去用力条件。

不明确用力顺序。

投掷步的第四步太短，左腿未做出强有力支撑。由于向前的惯性，迫使上体过早前移。

纠正方法：

多采用徒手和持器械的专门练习，如单手投掷实心球、沙袋等，体会用力顺序。

多做上两步、三步掷枪练习。

成投掷前的预备姿势，右臂后伸拉住橡皮筋，反复做最后用力动作。

慢速短距离助跑，接投掷步重点体会超越器械而后掷出标枪。

最后用力时臀部下坐或收腹

产生原因：

投掷步的第四步过大，在很大的向前惯性和重力作用下两腿承担不了过大的压力，因而迫使两腿弯曲过大蹬不起来。

右腿蹬地无力，髋的转动和前移不够，体重未移向左腿、或左腿膝关节弯曲。

投掷步的第四步左脚落地过于偏左。

纠正方法：

多做第三、四步的练习（或作出各步记号）改正两脚着地的位置。

多做右腿蹬送右髋的动作。

最后用力不能通过标枪纵轴

产生原因：

投掷步中对标枪所处的位置、角度、方向失去控制，或最后用力时标枪与前臂之间夹角太大。

最后用力中挥臂路线不正确，肘下降造成拉枪。

肩关节柔韧性差。

纠正方法：

多做原地引枪和慢跑中引枪练习，持枪臂保持伸直并向上抬起约与肩高。

多做徒手挥臂练习，或做打击前上方目标，保持肘略高于肩。

反复进行"插枪"练习。

注意发展肩关节柔韧性的专门练习。

4. 标枪运动的技术

掷标枪的技术特点

助跑和最后用力是掷标枪完整技术的主要部分，助跑和最后用力紧密衔接是掷标枪技术的难点，最后用力是掷标枪的技术重点。

助　跑

1. 助跑速度 。目前，世界优秀男子运动员预跑结束时的速度可达到6.5 ～ 8米/秒，女子稍低于男子。由于个体差异，不同运动员掷标枪的助跑距离、加速形式、助跑最大速度及其出现时段等，都有各自的特点。预跑段结束，应在继续加速进入投掷步阶段。由于投掷步已转为非周期性运动，并且采用身体侧对投掷方向的助跑方法来完成引枪和超越器械等动作，容易造成减速，尤其是交叉步右脚落地时产生的制动会使身体水平运动速度有所下降，紧接着左脚落地支撑再次使身体水平速度减小。我国优秀男子运动员右脚落地瞬间与左脚落地瞬间身体重心水平速度分别为5.72 米/秒 和4.27 米/秒 。助跑进人最后用力时，身体水平运动速度下降，这是由掷标枪技术特点决定的。尽管不同水平的运动员速度下降幅度各不相同，但力求减少最后用力前助跑速度的损失，保持较高速度进入最后用力是掷标枪技术的共同要求。

选择适宜的助跑速度十分重要，助跑过快会影响最后用力技术的完成质量，甚至出现助跑与最后用力动作的脱节；助跑过慢则不利动量的增加，发挥不了助跑的作用。优秀运动员的助跑速度一般控制在本人平跑最高速度的 70% 左右。

加快助跑速度是提高掷标枪成绩的一个重要途径。标枪出手速度是一种合成速度，助跑速度为提高标枪出手速度创造了条件。优秀运动员标枪出手速度的 20% ~30% 来自于助跑产生的作用，这种作用可称为助跑贡献率。助跑投掷与原地投掷的成绩差是衡量助跑贡献率的指标。

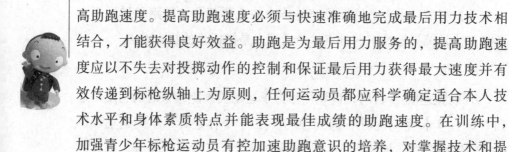

运动员应在不断熟练基本技术和发展身体素质的基础上逐步提高助跑速度。提高助跑速度必须与快速准确地完成最后用力技术相结合，才能获得良好效益。助跑是为最后用力服务的，提高助跑速度应以不失去对投掷动作的控制和保证最后用力获得最大速度并有效传递到标枪纵轴上为原则，任何运动员都应科学确定适合本人技术水平和身体素质特点并能表现最佳成绩的助跑速度。在训练中，加强青少年标枪运动员有控加速助跑意识的培养，对掌握技术和提高成绩极为有利。

2. 引枪。引枪主要有直线引枪和弧形引枪两种，大多数运动员采用直接向后引枪的方法，这种方法动作简单、引枪自然、连贯性好、容易控制标枪。直线引枪时，两腿要积极前迈，减小身体重心的上下起伏，保持投掷步速度；引枪结束，肩轴与投掷方向平行，右臂自然伸直拉于肩轴延长线上，标枪靠近身体，标枪纵轴与前臂的夹角较小（15°~20°），以便更好地控制标枪，为完成投掷步后两步动作和最后用力创造条件。

3. 投掷步。

（1）投掷步第一步、第二步：为了保持预跑段获得的速度，投掷步第一步、第二步结束时，躯干应与地面接近垂直，躯干后倾角度不宜过大。世界优秀运动员此时躯干后倾角一般不超过 $10°$。如果躯干后倾角过大，会加大身体重心与支撑点之间的距离而产生较大制动，影响投掷步水平速度的发挥和第三步动作的正确完成。

（2）投掷步第三步（交叉步）：交叉步是投掷步最关键的一步，对保持人体快速向前运动，形成超越器械姿势，加大掷标枪工作距离，创造良好的发力条件和实现助跑与最后用力衔接起着重要的作用在完成交叉步动作过程中，应强调右腿摆动和左腿蹬伸动作协调配合、加大髋轴超越肩轴和躯干扭紧的程度、做好右脚着地后的缓冲动作、形成一定的躯干后倾角等技术要求。

投掷步第三步保持适宜的右腿摆出方向和左腿蹬地角度非常重要。左腿蹬地角是指交叉步离地瞬间身体重心和支撑点连线与地面的夹角。左腿蹬地角直接反映人体运动方向，世界优秀运动员平均约为 $72.89°$。左腿蹬地角越大，交叉步离地瞬间身体重心的垂直速度也越大，会因为交叉步腾空过高和交叉步步长过大等错误，而导致身体重心上下起伏，破坏人体向前运动和损失水平速度，并增加了右脚着地时承受的冲力和完成动作的难度。

由于交叉步两腿的积极动作，特别是右腿前摆带髋，使髋轴加速转向投掷方向，左臂摆动帮助左肩内扣和躯干右转；在右脚着地时，世界优秀运动员的髋轴与投掷方向的夹角通常在 $140°\sim158°$，平均约为 $146°$；肩轴与投掷方向的夹角平均约为 $181°$；躯干形成扭紧状态，充分拉长躯干肌群，为快速收缩用力做好了准备。

由于交叉步右脚着地点在身体重心投影点前，右脚支撑承受的垂直冲力和水平冲力都较大，因此，右脚着地后右膝应及时弯曲，通过有弹性的缓冲，促使身体重心尽快移过支撑点，以减小制动，保持水平速度和人体在高速运动中的平衡，拉长腿部工作肌群，为紧接着的蹬伸动作创造有利条件。世界优秀运动员膝关节弯曲角一般在 $145°$

左右，缓冲时间为 0.08～0.12 秒。右膝弯曲角度和缓冲时间与右脚着地时的位置以及运动员训练水平有关。

交叉步右脚落地瞬间的躯干后倾角，是反映运动员最后用力前身体位置合理程度的重要指标。世界优秀运动员此时躯干后倾角约为 20°～26°。后倾角过大，虽然可获得较长的最后用力工作距离，但易造成身体后倒，使右脚单支撑时间加长，从而影响动作的连贯性；后倾角过小，会导致上体过早前移，影响最后用力动作幅度和肌肉能量的发挥。

（3）投掷步第四步（助跑与最后用力的衔接）：第四步是助跑中惟一没有腾空的一步，其任务是左脚主动快落，做好左侧支撑动作，实现助跑向最后用力的连贯过渡，使助跑获得的速度有效地传递到最后用力中去，提高标枪的出手速度。

因此，这一步动作直接影响着最后用力的效果，是掷标枪较难掌握的技术环节，也是评价掷标枪技术质量的重要指标。

4. 实现助跑与最后用力衔接应注意以下技术特点：

（1）第四步左腿前摆低平、快速并及时超越右腿，即第三步右脚一着地，左腿已摆至右腿前方，为左脚快落支撑做好准备。

（2）第三步右脚着地屈膝缓冲后尽快转入右腿蹬地动作。右腿以较小的角度蹬地，既可防止身体重心过早上移，加快髋部向投掷方向移动的水平速度，又可为左脚快落支撑创造条件，缩短由单脚支撑过渡到双脚支撑的时间。

（3）在右腿蹬伸动作配合下，左脚沿地面快速下插着地。左腿强有力地制动支撑，不仅保证右腿继续正确用力，而且使动量不失时机地由下肢传递给上体和标枪。

（4）第四步的步长合理。步长过大会增加将身体重心推向左腿的难度，并影响出手动作的完成；步长过小则不能有效地完成最后用力动作。第四步所用时间要短，世界优秀运动员约为 *0.16 ~ 0.20* 秒。在第四步左脚即将落地时，仍要保持一定的躯干后倾角，为加大最后用力工作距离创造条件。

投掷步的形式与节奏

5. 投掷步形式有 3 种：跳跃式、跑步式和混合式。

（1）跳跃式：跳跃式投掷步像跑跳步，摆动腿抬得较高，后蹬有力。特点是节奏感较强，腾空时间长有利于完成引枪和超越器械动作，但易造成身体重心起伏而损失助跑速度。

（2）跑步式：跑步式投掷步像平跑一样，特点是步幅较小，动作自然连贯，能较好地保持水平速度，但引枪时间短，交叉步时较难完成充分的超越器械动作。

（3）混合式：混合式投掷步结合上述两种形式的特点，在引枪结束前采用跑步式，交叉步采用跳跃式特点是身体重心运动轨迹较平，节奏性强，动作放松，易发挥较快的助跑速度。

投掷步应表现良好的动作节奏，这种节奏是掷标枪助跑的显著特点。投掷步节奏不仅体现在完成各步动作的时间和技术的准确性以及两腿加速等方面，而且与各步的步长密切相关。在尽量保持预跑段已获得的速度的基础上，投掷步节奏各步有所不同，优秀运动员通常表现出第一步、第二步较快，第三步稍慢，第四步最快的节奏特点。尽管优秀运动员投掷步各步步长分配存在着差异，但也呈现出一定的规律，通常是第一步长，便于完成引枪动作；第二步较长，为过渡到交叉步创造条件；第三步最长，保证有充足的时间形成超越器械姿势，为最后用力做好准备；第四步最短，有利于实现助跑与最后用力的衔接。

最后用力

最后用力是增大标枪出手速度的主要阶段，器械在这一阶段获得的速度占出手速度的 70 % ~ 80 %。在最后用力阶段，运动员应以最短的时间在尽可能长的工作距离内将最大的力作用于标枪纵轴，使标枪在出手瞬间达到最高速度并以适宜的出手角度掷出。

最后用力过程包括"满弓"、"鞭打"和标枪出手 3 个动作阶段。

1．"满弓"动作。"满弓"动作是顺利完成"鞭打"动作的前提和保证。在"满弓"动作形成过程中，两腿协调配合用力十分重要。右腿蹬地推送右髋加速前移，左脚着地制动支撑使下肢运动突停而产生动量转移，加之左脚制动点处于身体的旁侧部位形成了旋转力，从而提高了右髋向投掷方向运动的速度和幅度，不仅使"满弓"动作得以形成，而且为髋轴领先肩轴运动并带动躯干充分转动创造了条件。因此，右腿积极蹬地是实现"满弓"的基础，左腿制动支撑是形成"满弓"的保证。

"满弓"动作结束瞬间，投掷臂在肩上伸直，躯干与上臂之间形成的拉引角是衡量"满弓"动作质量的一个重要指标，优秀运动员拉引角通常在 90°左右。此时，枪尖稍高于头顶，前臂与标枪保持较小的夹角，为增加"鞭打"用力的工作距离和发挥胸、肩、臂肌肉的收缩力量创造条件；左腿微屈支撑，左膝关节达到最大弯曲角度，优秀运动员约为 150°~ 165°，为紧接着的左腿充分蹬伸用力，提高标枪出手速度做好了准备。

2．"鞭打"动作。形成"满弓"后，应刻不容缓地转入"鞭打"动作。"鞭打"动作是掷标枪的重要技术特征，是取得最后用力良好效果的关键技术动作。做"鞭打"动作时，身体各环节用力顺序和速度变化要符合人体运动链的原理。人体参与用力的各环节肌肉群自下而上按严格的顺序依次用力，使人体各环节相继加速运动，然后依次减速，动量从质量较大的躯干依次向胸、肩、上臂、前臂、手腕、手指等环节传递并不断得到积累、补充和合成，最后传到器械上，大大提高了标枪的出手速度。身体各环节的依次加速运动，造成相邻环节肌肉依次快速拉长，引起肌肉的有力收缩。因此，前一环节加速的结束是后一环节加速的开始，不仅体现了身体各环节合理的用力顺序，而且形成了身体各环节的速度变化曲线。

"鞭打"时，左腿支撑十分重要。左腿的支撑与蹬伸是实现动量传递和增加器械出手速度的重要技术，对"鞭打"时上体积极前移，保证身体重心升高，使人体和标枪进一步加速具有很大作用。左腿强有力的支撑还有助于配合完成挺胸动作，弥补因胸部前挺方向偏下而造成的不良影响，使"以胸带臂鞭打"动作能够正确完成。

躯干用力角是运动员从最后用力开始至标枪出手时躯干转动的角度。优秀运动员躯干用力角通常在 20°左右。

3. 标枪的出手与飞行。在最后用力阶段，加大作用于标枪纵轴的力、增加用力工作距离和缩短用力时间是提高标枪出手速度的重要方面。准确沿标枪纵轴用力体现了最后用力的合理性，是加大对标枪作用力的主要方面。最后用力阶段，优秀运动员对标枪的施力距离可达 2.10~2.30 米，而时间仅在 0.12~0.15 秒之间。

标枪出手时，不仅要获得适宜的出手角度，还应考虑倾角和冲击角。倾角是指出手瞬间标枪纵轴与水平面的夹角。在不同的风向投掷时，应适当改变出手角和标枪倾角。研究证明，逆风投掷时应适当减小倾角，顺风投掷时则反之，以便合理地利用空气升力，减小空气阻力，因此，提高运动员出手瞬间的控枪能力十分重要。目前一些研究认为，掷标枪合理的冲击角应为接近零度的负角。

由于运动员在标枪出手时的甩腕拨枪动作，使出手后的标枪沿纵轴旋转向前飞进，这种自转对提高标枪飞行的稳定性有利；在有些情况下还会产生一定的空气升力，起到延缓标枪落地时间的作用。

握法和持枪

握　法

常见的有现代式和普通式两种。

现代式握法：标枪斜放于掌心，大拇指和中指握在标枪缠绳把手末端第一圈的上沿，食指自然弯屈斜握在枪竿上，无名指和小指自然地握在缠绳把手上。这种握法可加长投掷半径，便于控制标枪出手角度和飞行的稳定性，为多数运动员所采用。普通式握法，手腕紧张，不利于控制出标角度，很少有人采用。

持　枪

现在多数人都采用肩上持枪。

持枪于右肩上方，稍高于头，枪尖稍低于枪尾这种持枪法手腕放松，便于向后引枪，目前采用的人多。

持枪于右肩上方右耳旁，枪身与地面几乎平行。这种方法引枪时，能较好地控制标枪的角度，但投掷臂与手腕比较紧张。

持枪于头右侧，枪尖稍向上。这种持枪法臂和手腕紧张，很少有人采用。

助　跑

助跑的目的，是为了在最后用力前获得预先速度，并在助跑中做好引枪动作，为最后用力创造条件。助跑的距离一般为 25 至 35 米之间。

预跑阶段

从第一标志线到第二标志线，为预跑段，大约 16 至 20 米。跑双数步约 8 至 12 步，跑单数步约 9 至 13 步。

预跑时动作自然，上体微前倾，逐渐加速，用前脚掌着地，持枪臂随跑的节奏自然前后摆动，从容地进入投掷步。

投掷步阶段

从第二标志线到起掷弧线为助跑的第二阶段。投掷步一般采用五步，也有采用六步或七步的。

投掷步的第一步是：左脚踏上第二标志线，右脚积极向前迈步，脚掌落地部位稍偏右，右肩向右转动并开始向后引枪，左肩向标枪靠近，左臂在胸前自然摆动，眼前视。

投掷步的第二步是：当右脚落地，左脚离地前迈时，髋轴向右转动，右肩继续向右转动并完成引枪动作。上体转成侧对投掷方向，左脚掌落地后，与投掷方向成较大的角度，左臂摆至身体左侧，上体正直，眼前视。

投掷步的第三步（交叉步）：投掷步第二步左脚落地时，右股自然弯屈，大腿带动小腿积极向前迈步，左腿猛蹬伸，使右大腿加速前迈，成交叉步，左臂自然摆至胸前，投掷臂伸直充分后引，右脚尖与投掷方向成45度角左右，躯干与右腿成一条直线。

投掷步的第四步是从助跑过渡到最后用力的衔接步。交叉步结束前，左腿积极迈第四步，用脚掌内侧落地。

最后用力和缓冲

最后用力

投掷步第四步落地后，右腿积极蹬地转髋，肩轴向投掷方向转动，投掷臂上臂向上转动，带动前臂和手腕向上翻转。当上体转到正对投掷方向时，投掷臂翻到肩上，左肩内，成"满弓"姿势。然后，上臂带动前臂向前做爆发式的"鞭打"动作，使标枪向前飞出。在标枪离手的一刹那，甩腕指，使标枪沿纵轴顺时针方向转动。

缓　冲

标枪出手后，运动员随着向前的惯性，继续向前运动，为了防止犯规，应及时向前跨一至二步，身体稍向左转，并降低身体重心，维持平衡。

掷标枪实战技术

掷标枪技术的阶段划分

1. 为了便于分析，可分为握枪与持枪、助跑、最后用力和标枪出手后维持身体平衡四个部分。

2. 掷标枪技术由握枪与持枪、助跑（第一助跑阶段）、交叉步跑（第二助跑阶段）、过渡阶段，最后用力和标枪出手后维持身体平衡六个部分。

握枪与持枪的基本技术

下面以右手掷标枪为例讲讲握枪与持枪的基本技术。

1. 握枪：常用的握枪方法有两种：

（1）现代式握法（拇指和中指握法）。

（2）普通式握法（拇指和食指握法）。

（3）现代式握法的其优点：

①在掷标枪出手瞬间能充分利用长而有力的中指对标枪施力；

②有利于增加最后用力工作距离；

③提高标枪出手初速度；

④并使标枪产生绕纵轴的旋转，保持空中飞行的稳定性。

2. 持枪：常见的持枪方法有两种：

（1）肩上持枪法。右手持枪于右肩上方，右臂弯曲，上臂与前臂的夹角约为 $90°$，肘关于稍向外，根据个人习惯，持枪手稍高于头或在头侧，枪尖稍低于枪尾或枪身与地面平行。

（2）先肩下后肩上持枪法。在预备姿势和预跑的前半段，右臂自然下垂，右手持枪于髋侧或腰间，枪尾向前，随向前跑进两臂自然前后摆动。在预跑的后半段，右臂举起成肩上持枪姿势。

（3）肩上持枪法的优点：这种方法动作简单，有利于控制标枪，使持枪助跑能平稳地转入引枪。

助　跑

1. 助跑的组成：助跑包括预先助跑和助跑两个阶段。

2. 助跑的位置：有 ABCDE 几点。

从起动点 A 到第一标志点 B 为预先助跑，从第一标志点 B 到第二标志点 C 为助跑（助跑第一阶段）。

3. 助跑长度和步数：

预先助跑长 *2~3* 米，跑或走几小步。

助跑（助跑第一阶段）长 *12~21* 米，跑 *8~14* 步。

4. 助跑的任务：

（1）预先助跑的任务。

①使运动员摆脱静止状态；

②获得适合他自己力量与技术的适宜的速度；

③获得良好的助跑节奏打下良好基础；

④为助跑阶段获得适宜的位置。

（2）助跑的任务。

①使运动员获得适合他自己力量与技术的理想助跑速度。

②使运动员获得良好的助跑节奏。

③使运动员获得交叉步跑（第二助跑阶段）适宜的位置。

④为交叉步跑（第二助跑阶段）做好准备。

5. 助跑动作与要求。

（1）预先助跑：

动作：持枪向前走或小步慢跑几步，以左脚踏上第一标志点后开始进入预跑，②这种方法易使跑的动作放松，有利于发挥助跑速度。

（2）助跑：

动作：是周期性动作，下肢动作和加速跑动作基本相同，持枪臂随跑的节奏自然小幅度前后摆动。②要求：跑的动作放松自然，富有弹性和节奏，保持助跑的直线性，步点稳定，控制好标枪，持枪臂与下肢动作协调配合，在逐渐加速中流畅地进入投掷步阶段。③世界优秀男子运动员助跑结束时的速度可达到 *6.5 ~ 8* 米/s，女子稍低于男子。

交叉步跑（第二助跑阶段）

1. 交叉步跑的位置：从第二标志点 C 到交叉步跑的第三步右脚着地 D 点为交叉步跑（助跑第二阶段）。

2. 交叉步跑的长度和步数：交叉步跑（助跑第二阶段）长约 *8 ~ 12* 米，一般是 *4* 步或 *6* 步，用两步完成引枪动作。

3. 交叉步跑（助跑第二阶段）的任务：

（1）使运动员获得适合自己力量与技术的投掷前的理想速度。

（2）使运动员获得良好的助跑节奏。

（3）使运动员为过渡阶段获得适宜的位置和超越姿势。

（4）使运动员为过渡阶段做好准备。

4. 交叉步跑（助跑第二阶段）动作与要求：

（1）交叉步跑的要求：

①投掷步已转为非周期性运动，并且采用身体侧对投掷方向的助跑方法来完成引枪和超越器械等动作，容易造成减速。

②选择适宜的助跑速度十分重要，优秀运动员的助跑速度一般控

制在本人平跑最高速度的 *70%* 左右。

助跑过快会影响最后用力技术的完成质量，甚至出现助跑与最后用力动作的脱节；助跑过慢则不利动量的增加，发挥不了助跑的作用。

③加快助跑速度是提高掷标枪成绩的一个重要途径。

标枪出手速度是一种合成速度，助跑速度为提高标枪出手速度创造了条件，优秀运动员标枪出手速度的 *20～30%* 来自于助跑产生的作用，这种作用可称为助跑贡献率。助跑投掷与原地投掷的成绩差是衡量助跑贡献率的指标。

（2）交叉步（助跑第二阶段）的形式与节奏

①交叉步（助跑第二阶段）的形式有：跳跃式、跑步式和混合式三种。

②跳跃式投掷步像跑跳步，摆动腿抬得较高，后蹬有力。特点是节奏感较强，腾空时间长，有利于完成引枪和超越器械动作，但易造成身体重心起伏而损失助跑速度。

③跑步式投掷步像平跑一样，特点是步幅较小，动作自然连贯，能较好地保持水平速度，但引枪时间短，交叉步时较难完成充分的超越器械动作。

④混合式投掷步结合上述两种形式的特点，在引枪结束前采用跑步式，交叉步采用跳跃式，特点是身体重心，运动轨迹较平，节奏性强，动作放松，易发挥较快的助跑速度。

最后用力

最后用力无疑是投掷标枪技术中最重要的部分。现就投掷标枪中左腿的作用以及技术的作用加以分析，旨在为提高投掷成绩提供理论依据。

1. 左腿积极前迈及快速落地有利于助跑和最后用力的衔接。助跑投枪之所以比原地投枪成绩好，是因为原地投枪的初速度为零，而助

跑可以使人体和枪获得脱离静止状态的初速度，但要在最后用力时充分地利用助跑所获得的速度，这与交叉步结束后左腿积极前迈快速落地以及有力的支撑制动有着密切的关系，即助跑与最后用力衔接的好坏，取决于左腿的动作技术。整个助 跑 过程都是由左右腿的协调配合完成的，进行投掷步特别是交叉步结束后的一步，是从助跑过渡到最后用力的衔接步，其动作正确与否，将直接影响到最后用力效果，这就要求投掷者，既要保持良好的超越器械能力，又要不停顿的转入最后用力，在较快的速度中完成一系列动作，在交叉步右腿尚未落地之前，左腿就要积极前迈，右腿落地后，屈膝右小腿与地面构成较小的夹角，体重落在弯曲的右腿上。为了保证人体动量有效地传递给器械，应缩短最后一步两脚落地的间隔时间，即要求左脚快速落地。因此，最后一步步长较短，左腿几乎直摆，左脚靠近地面向前迈出。左脚着地时承受的垂直作用力，相当于体重的72倍，水平作用力相当于体重的5.5倍。在受到强大作用力的情况下，左腿直落，且脚内侧足跟领先着地，形成强有力的支撑，能使力量直接向躯干和上肢传递。左腿的快速前迈保证和加快了原有助跑速度，使身体重心远离支撑点。此时，左腿前迈的方向和速度很大程度上决定了身体重心移动的路线和助跑的效果，当右舰由于助跑速度的惯性向前运动，超越右腿支撑点，最后用力开始时，左腿必须快速下落，形成积极有力的制动性支撑。

2. 左脚落地位置与落地方法的作用。通过 国 内 外优秀标枪运动员的技术图片和观察优秀标枪运动员比赛技术分析（以右手持枪为例），发现在运动员投掷标枪最后用力过程中，左脚落地位置都在人体中心线偏左侧，左右脚宽度约为20公分 ~ 30公分。落地方法是左脚跟脚内侧落地，然后过渡到全脚掌，脚尖稍内扣。落地后脚尖与投掷方向呈20左右。左脚这种着地形式有很大的优越性。第一，可以与投掷方向形成良好的投掷角度，下肢舰、膝、踝三关节不能自由沿横轴运动，从而保证了有利的支撑；第二，可以使身体保持平衡，避免左右摇摆，形成身体向投掷方向移动的合力，为最后用力创造有利条件；第三，有利于速度快、协调性好的运动员发挥技术，并且能够很好地支撑人体快速向前运动的惯性力量，有利于做好超越器械技术动作，同时可以加长最后用力的工作距离，使身体重心不能过早的前移。

3. 左腿的制动支撑是助跑与最后用力的必备条件。在完整投掷标枪技术中，良好的助跑对提高运动成绩起着重要作用，但助跑速度能否利用到最后用力中，关键在于左腿能否起着有利稳固支撑和桥梁作用。根据人体解剖学分析指出，左腿着地后要挺直，膝关节的伸肌（股四头肌）和屈肌群（股二头肌、半健肌和半膜肌）都要保持一定的紧张度，股四头肌的紧张度更要大些，使左腿能够发挥出稳定的支撑作用，这样不仅有利于右腿蹬转动作完成，同时还可产生一定的制动作用，将部分水平动能转化为向上的势能，使身体重心上升，提高枪的出手角度。身体形成满弓姿势，腰腹、背部肌群拉紧，有利用全身力量投枪，更有效地保持助跑所产生的向前的速度惯性力，使手、躯干、左腿协调合理的进行投枪动作，从而使枪获得更大的初速度。在最后用力中，由于右腿用力蹬转，推动右舰向投掷方向转动，右臂迅速有力地做鞭打动作。当身体重心超过右腿支撑点移至左腿时，由于重力压迫，迫使左腿稍屈，使股四头肌预先拉长，为最后用力创造条件，此时，左臂以上摆到体侧制动，结合踝、膝、魏三关节蹬地，将枪投出。这样能保证身体重心不下降，使助跑所产生的速度转移到最后用力的方向上，从而有效地保持了助跑所产生的向前的速度惯性。因此，左腿的有力支撑，不仅提高了重心，而且也使助跑速度得到良好的转移。如果左腿支撑不好，就会使身体向左侧倾斜，这样不但影响身体平衡，更主要是分解了躯干和持枪的右臂共同的向前用力的力量。可见左腿的制动支撑是助跑与最后用力的必备条件。

4. 左腿的最后蹬伸支撑对整个最后用力起到积极的能动作用。当完成制动支撑后，由于右腿积极蹬伸，身体形成满弓动作，手臂处在鞭打状态，身体重心积极的推向左侧，这时左腿做退让性的屈膝动作，配合身体左侧髋、膝、踝三关节。臀大肌、股四头肌和小腿三头肌等蹬伸肌做小幅度的快速收缩，迅速地向前上方做有力的蹬伸，使身体产生一种向上的力量，身体重心达到最高点。此时，肌肉发力要早，防止身体向前冲。与此同时，右臂鞭打直到标枪出手，然后降低身体重心维持平衡。我们把这个动作阶段叫左腿的最后蹬伸支撑。左腿之所以要蹬伸用力，就是要在完成支撑作用的同时发挥左腿的最后用力中的能动作用。左腿的有力支撑，保证了右腿蹬地向投掷方向转送髋部，加速了髋轴向投掷方向的移动，保证了左臂和左肩的制动，使左侧的上肢和下肢构成一体，左腿的蹬伸动作，有利于最大限度地增高身体重心，使枪获得更大的垂直分力，从而达到合理的出手角度和理想的飞行速度。增加出手高度，有利于充分利用助跑所获得的水平速度向前上方挥臂，加速器械出手的速度。

在掷标枪最后用力过程中，左腿的积极前迈和快速落地，以及左脚落地位置、方法、动作正确与否直接影响到最后用力的效果。左腿的制动支撑到最后的蹬伸支撑是最后用力的关键，它直接影响着器械的出手初速度、出手角度和最后用力工作距离。因此，应引起教练员和运动员们的高度重视。

标枪出手后的维持身体平衡

维持身体平衡是掷标枪技术的结束动作。为了防止由于惯性作用使人体继续向前运动而造成犯规，在标枪出手后，右腿应及时向前跨出一大步，上体前倾并稍向左转，屈膝降低身体重心，两臂配合自然摆动，以缓冲人体向前的冲力，维持身体平衡。